WORLD'S BEST BANK
A Strategic Guide to Digital Transformation

ロビン・スペキュランド＝著
NTTデータ経営研究所
上野 博＝訳

# DBS
# 世界最高のデジタル銀行

## テクノロジー企業を目指した銀行の変革ジャーニー

東洋経済新報社

Original Title:
*WORLD'S BEST BANK: A Strategic Guide to Digital Transformation*

デジタル戦略が必要なのではない。
必要なのは、デジタル世界に合った戦略だ。

――ロビン・スペキュランド

# はじめに

ＤＢＳ銀行（旧称The Development Bank of Singapore Limited: シンガポール開発銀行）で起こりつつある刮目すべきトランスフォーメーションについて、初めてその詳細を記して書籍『Excellence in Execution（実行力の卓越・未邦訳）』として出版したのは２０１７年のことだった。ＤＢＳグループのＣＥＯであるピユシュ・グプタは同書に、思慮に富んだ前書きを寄せている。ＤＢＳ銀行のデジタルトランスフォーメーションは、筆者の専門分野である戦略実行における成功事例のケーススタディに含まれる。また、同行に関するケーススタディ2件のうち最初のものは、シンガポール経営大学とともに出版している。その時期はちょうど、同銀行が『ユーロマネー』誌から世界最高のデジタルバンクの賞を初めて受賞したばかりだった。

しかしそれは、その後にやってくるものの前触れに過ぎなかったのだ。

筆者にとっての課題は、この並外れたデジタルトランスフォーメーションの姿を本書のページの中にとらえることだった。本書『ＤＢＳ　世界最高のデジタル銀行（原題：World's Best Bank）』では、銀行の変革を推進して世界最高とならしめた情熱と緻密さを織り込みつつ、読者にデジタルトランスフォーメーションの戦略ガイドを提供できるようにした。

読者の皆さんは、ＤＢＳがその組織文化、職員、テクノロジー、業務、ビジネス、そして顧客さえをも変革していったさまを目の当たりにするだろう。また、現在も銀行がテクノロジー企業になるための努力を続けている様子も理解できるはずだ。

本書『ＤＢＳ　世界最高のデジタル銀行』は、デジタルトランスフォーメーションを担当するリーダーであり、ワールドクラスのデジタルトランスフォーメーションから学び、それに対して自社をベンチマークしたいと考える人々に向けたものだ。読み進めるとお分かりいただけると思うが、筆者はデジタルトランスフォーメーションの推進に求められる領域について深く掘り下げている。ゆえに、読者には最も自分に当てはまる領域に焦点を当てて読まれることをお勧めする。読者によっては、例えば、テクノロジー・アーキテクチャーの再構築を詳述した部分は、顧客向けデザインシンキングの採用について詳述した部分ほどは切実な内容ではないかもしれない。

筆者とピユシュとの関係は、双方がシティグループで働いていた１９９０年代に始まったものだ。彼がＤＢＳ銀行の経営を引き受けた２００９年、私は同行のコンサルティングを実施し、同行は「アジアウェーブ」戦略を成功裡に遂行した。彼が始めた３つの戦略の最初のものである。

第2の戦略は「デジタルウェーブ」であった。本書はこれに焦点を当てている。デジタルトランスフォーメーションの約3分の2が失敗するということから、筆者はＤＢＳ銀行から得られる教訓、ベストプラクティス、そして成功の秘訣といった、読者の皆さんが自らの変革に活用可能なものを特に強調した。具体的な戦略原則について述べた3つのパートの後ろにある「考えるべき質問（Questions for Consideration）」を参照すれば、自社のデジタルトランスフォーメーションの向上に役立てることができるだろう。

本書に関するリサーチを始めたのは２０１８年の終わりだった。２０２０年前半には原稿をほとんど書き終えていたが、そこで世界が劇的に変化した。そこで筆者は出版を延期して、銀行がCovid-19パンデミックにどう対応したか、また第3の戦略である「サステナビリティウェーブ」について詳細に描くことにした。

読者は本書全体から、銀行の経験とストーリーを通じてトランスフォーメーションが実現されていく様子を見ることができる。また、非常に多くの企業がつまずく障害の乗り越え方を見出すと同時に、直ちに自社に導入可能なベストプラクティスを得ることもできるだろう。

世界でベストの銀行となるにあたって、ＤＢＳは以下の革新的な「世界初」を実現している。

・『ユーロマネー』『ザ・バンカー』『グローバル・ファイナンス』の各誌から「世界のベストバンク」という３つの称号を12カ月のうちに冠された初めての銀行となった（これは銀行界では、映画でいうアカデミー賞で作品賞、監督賞、主演賞の３つを同時受賞したに等しい）。
・デジタル化の価値をスコアカード上に数値化する方法を見出した初めての銀行となった。
・２０１６年に『ユーロマネー』誌から初のデジタルバンク賞を獲得した。
・２０１７年に世界最大のオープンバンキングＡＰＩプラットフォームを世に出した。
・オンラインでの財務およびキャッシュマネジメント・シミュレーションのソリューションを世界で初めて公開した。
・２０１７年にウェアラブルテクノロジーを活用して、学校内貯蓄・決済プログラムを世界で初めて実行に移した。

ＤＢＳ銀行は２０１９年、過去10年間のビジネストランスフォーメーションのうちトップ20の１社として『ハーバード・ビジネス・レビュー』誌（ＨＢＲ）から表彰された。ピユシュは同年のＨＢＲの年間トップＣＥＯのリストである「ＣＥＯ１００人」にも選出された。

ＤＢＳ銀行のサクセスストーリーを調査し記述する活動は喜ばしいものだった。本書中で記述された意見は筆者自身に帰するものであり、ＤＢＳのスタッフ、関連会社あるいは他のグループや個人に帰するものではない。

読者企業のデジタルトランスフォーメーションを支援するために、本書は、様々な導入サポートを提供するプラットフォームの一部となっている。プラットフォームは原著のウェブサイト（www.worlds-best-bank.com）で閲覧可能となっている。

書籍のページから、ＤＢＳの素晴らしい道程の熱量が読者の皆さんに伝わればよいと思っている。何よりも、読者の皆さんが自社のトランスフォーメーション創出に成功するために、本書がそのガイドとなることを願っている。

ロビン・スペキュランド
戦略およびデジタル導入のスペシャリスト

# DBS　世界最高のデジタル銀行　目次

## 第2章 3つの戦略ウェーブ



## 第3章 アジアウェーブ

## 第5章

デジタルウェーブの第1戦略原則

## 組織の芯までデジタル化する



## 第6章

## テクノロジーDNAの変革

## 第7章 芯までデジタルになるためのベストプラクティス



## 第8章 デジタルウェーブの第2戦略原則 カスタマージャーニーの中に自らを組み込む

## 第14章

デジタルウェーブの第3戦略原則

# 組織文化を変革し、スタートアップ企業のように考える



## 第15章

# アジャイルの採用

# 第16章 学習する組織になる

## 第17章　顧客中心主義



## 第18章　データドリブン組織文化

## 第19章 実験とリスクテイク



## 第20章 サステナビリティウェーブ

# 第1章

# ビーチに上がる鬨《とき》の声

ピユシュ・グプタはタイのプーケット島でステージに上がり、彼が持っていたＤＢＳ銀行の新しいビジョンを披露した。それは２０１４年のことで、ＤＢＳのＣＥＯである彼は、経営陣に一丸となって銀行の成功とは何かを認識させ、新しい戦略の立ち上げを加速させようとした。

ピユシュは２００９年後半にグループＣＥＯとしてＤＢＳに参画した。２０１０年、彼と経営陣は、「新しいアジアで選ばれるアジアの銀行（The Asian Bank of Choice for the New Asia)」という新たな戦略を打ち出した。この5年戦略は、国内的あるいは国際的な主要行のどちらを目指すものでもなかった。と言うよりも、彼らが目指していたのは、国際的なバンキング基準で活動するために自らの水準を引き上げつつ、その２つの間にあるスイートスポットを占有することだった。

プーケット島のビーチでのスピーチの冒頭、ピユシュは自分の指揮下でのＤＢＳ銀行の成

功を振り返った。２０１４年には、同行はその主要目標を全て達成していた。すなわち、

１．新しいアジアで選ばれるアジアの銀行に選出されること
２．顧客サービスにおいてトップとなること
３．先進テクノロジー分野でイノベーションの賞を獲得すること
４．アジアのソートリーダー（thought leader）として認められること

である。

しかし、それは単なる始まりに過ぎなかった。ピユシュはアリババの当時のＣＥＯであるジャック・マーと退任前に面会した。この１時間の面談を通して彼は心をかき立てられ、中国発のサイクロンが襲来して全てを破壊し、バンキングの方法を変革してしまう可能性があることを確信した。戦略面でデジタル勢力図が変化する中で競争するために、ＤＢＳには新しい戦略が必要だという考えが、彼の心の中に根付いた。

ＤＢＳの年次取締役会は、韓国で開催されたばかりだった。当時の韓国は、モバイルアプリの活用と先端テクノロジーの提供におけるリーダー国だった。現地に滞在する中で取締役会メンバーと経営陣は、どうすればモバイルがよりうまくバンキングに適用できるかを理解した。

この目標を達成することは、他の銀行の成果を真似しないことを意味していた。その代わりに、あらゆる職員をこの意欲的なビジョンに向けて駆り立てる鬨の声が必要だった。

さらに、選ばれるアジアの銀行に選出されたという成功体験がＤＢＳの経営陣の背中を押した結果、新戦略が実現しうるものに関する意思決定はよりアグレッシブなものとなった。彼らの目に映っていたのは、この先さらなる混乱の時代が到来することであった。その結果彼らは、「大きく、困難で大胆な目標」を掲げることになった。それは、２０２０年3月までに世界のベストバンクとなるというものだった。

　プーケット島のステージ以降、ピユシュは未来の記事の見出しを掲げた。それには「ＤＢＳは世界のベストバンクである」と書かれていた。この目標を達成することは、他の銀行の成果を真似しないことを意味していた。その代わりに、あらゆる職員をこの意欲的なビジョンに向けて駆り立てる鬨の声が必要だった。求められたのは、自行を競合と差別化する強力な戦略を生み出して実行することだった。

DBSにとってそれは、バンキングはつまらない作業であるという顧客の考えを、「バンキングを楽しくする」というものに変革することを意味していた。これが新しい鬨の声となった。

## バンキングを楽しくする

DBSの経営陣は、「おカネは人生の潤滑油」というのは力強いステートメントであると思った。しかし同時に彼らは、この言い回しはすぐに平凡なものになってしまう、あまりにありきたりのものだとも感じていた。その理由は、人々はバンキングを当たり前のものか、さらには生活の中でネガティブなものとして見る傾向があったからだ。そのため経営陣は、「目的感のあるバンキング」とはどんなものかを見出そうとあれこれ考えた。

2008年の世界金融危機以降、多くの人々が銀行を信用しなくなり、バンキングを「苦痛」とまで言い始めた。当時の調査が示していたのは、銀行問題の解決について71％の人々

> 経営陣が提示した疑問は、「銀行が何をしたいか？」ではなく、「DBSとの付き合いを簡単で、楽しく、便利で意味のあるものにするにはどうするか？」というものだった。

が根治的な手術が必要だとしていたことだった。[注1]

経営陣が提示した疑問は、「銀行が何をしたいか？」ではなく、「ＤＢＳとの付き合いを簡単で、楽しく、便利で意味のあるものにするにはどうするか？」というものだった。そうすれば、銀行が企業や個人に対して行ってきたよい面が人々の目に映るようになるだろう。社会に提供してきた付加価値についても同様だ。

経営陣はバンキングを苦痛と対極のものへと転換させようとした。それが、「バンキングを楽しくする」というものだ。

プーケット島で会議が行われた時期には、意義深く影響の大きい、戦略的でグローバルな複数の変化が起こりつつあっ

DBSの経営陣は、これらの新しいテクノロジーを活用することで、バンキングを顧客にとって「目に見えない(invisible)」ものにすることが可能であると認識した。

た。その中で、数々の新規参入者がバンキングを「アンバンドリング」し、新たなテクノロジーを活用することで顧客期待を高めていて、ベンダー主導型のテクノロジー集積は極めて高コストになりつつあった。すなわち、東洋ではテンセントやアリババ、西洋ではグーグルやアマゾンといった、グローバル化したプラットフォームが台頭してきていた。

　数多くのテクノロジーが登場し、「バンキングを楽しくする」ための手段が急速に発展しつつあった。ＤＢＳの経営陣は、これらの新しいテクノロジーを活用することで、バンキングを顧客にとって「目に見えない（invisible）」ものにすることが可能であると認識した。それはまた、顧客が銀行との付き合いで楽しいやり取りを行う機会を、そして究極的には、バンキングの一連の流れ（ジャーニー）を通じて幸福感や心の安らぎを経験してもらう機会を創出することであった。

## 4つのテーマ

「バンキングを楽しくする」戦略を打ち出すにあたって、以下の4つのテーマが銀行の変革への取り組みを支えるものとなった。

**1．変革課題は目的主導型であることが必要である。**

DBSにおいて「バンキングを楽しくする」ことは、銀行の全構成員の考え方、行動のしかたの原点に根づくものとなった。それは銀行のあらゆる部署に対して、戦略実行のために正しいアクションを起こすことを動機づけて促すものとなった。

**2．デジタルトランスフォーメーションとは、テクノロジーだけに関するものではない。**

それはテクノロジーというハードウェアと、ソフトウェア、つまり人々の双方のトランス現在言われているのは、「1つの銀行として一体的に顧客にサービスを提供する」ということだ。

フォーメーションである。どちらもハードワークが求められるものであり、銀行は、顧客経験、組織文化、そして望ましい働き方といった項目を検討する必要があった。

現在では、ハードウェアとソフトウェアのバランスが変革の成功要因として認識されているが、2014年当時はそうではなかった。

### 3．DBSは当初から組織全体のデジタル変革に取り組む。

当時の多くの企業では、1つの部門でのデジタル化（デジタイゼーション）を始めるか、スカンクワークスプロジェクト（少人数のグループが主たる業務の外でイノベーションプロジェクトに従事する）を行っていた。

しかしＤＢＳは、組織全体の変革という賭けに打って出た。それは、年配と若手の職員たちのいずれもが変化に対応できると信じたからだ。ピユシュの言によれば、年配の職員だから新しいテクノロジーの取り込みが遅くならざるを得ないということはない。彼らだって私生活では変化を続けているのだから、職業生活においても変われるはずなのだ。

そうして全ての人が同様に変化に関わることで、銀行は若手と年配の職員の間に溝が生じないようにした。

### 4．ビジネスはテクノロジーであり、テクノロジーはビジネスである。

ＤＢＳでは、フロント、ミドル、バックオフィス部門という区別はもう存在していない。現在言われているのは、「1つの銀行として一体的に顧客にサービスを提供する」ということだ。フロント、ミドル、バックオフィスの間に存在するサイロ（訳注：組織のタテ割り）を壊すことは、従来の銀行の機能のしかたを大きく変革することになった。

## 初期の受賞――2016年に世界のベストデジタルバンクへ

2016年には早くも、ＤＢＳのデジタルトランスフォーメーションの進展が認められた。

『ユーロマネー』誌の世界のベストデジタルバンクを受賞したことは、DBSの多くの人々にとって驚きだった。当時の経営陣は、銀行が「最先端」ではあっても、必ずしもベストではないと考えていた。

受賞はDBS銀行の一連の活動を認めるものであり、そのことがビジョンと目標の共有へと向かう職員たちのエネルギーをより強くした。また受賞は士気を高めるのに大いに貢献したため、変革プロセスの継続が容易になった。

2018年に同行は、計画より2年ほど早く、プーケット島で上げた鬨の声「世界のベストバンク」宣言を達成し、世界のベストバンクとしてグローバルに認められることとなった。DBSは、『ザ・バンカー』、『グローバル・ファイナンス』、『ユーロマネー』から権威ある3つのベストバンク賞を12カ月の間に揃って受賞した唯一の銀行となった。

DBSは「世界のベストバンク」として、複数の出版物で3年間選出され続けてきている。

注1　ダン・カドレック（Dan Kadlec）、「ミレニアル世代がバンカーの話を聴くよりも歯根管治療の方がマシという理由」、Time.com、2014年3月28日 https://time.com/40909/whymillennials-would-choose-a-root-canal-over-listening-to-a-banker/

第２章

# ３つの戦略ウェーブ

ピユシュの指揮下での銀行の戦略的焦点を説明するに当たって、ＤＢＳの３つの戦略ウェーブに触れる。アジア、デジタル、サステナビリティである。

## ３つのウェーブとＤＢＳスコアカード

３つの戦略ウェーブ間の相互関係は、ＤＢＳ銀行が成功するのに極めて重要だった。個々のウェーブの導入を通じて、ＤＢＳの経営陣は、適切な評価基準が導入されるよう入念に取り組み、成果をトラッキングして導入に向けて職員を鼓舞した。

### 「アジアウェーブ」（２０１０～２０１４年）

新しいアジアで選ばれるアジアの銀行となることを意味しており、銀行のオペレーションのあり方を改善し、中国の門戸開放の波をうまくとらえ、部分的にはそれに続く「デジタルウェーブ」の基礎固めを行った。

## 「デジタルウェーブ」(2015~2018年)

「デジタルの波」に賭けてそれを捕捉して、バンキングを楽しいものとするものだった。このウェーブの成功が本書の主な焦点である。

## 「サステナビリティウェーブ」(2019年~現在)

不公平性、新しい社会規範、この惑星の未来といった、今後次第に非常に重要となる課題に対応するものである。

そしてDBS銀行ではバランススコアカードを採用して、個々の戦略ウェーブの実施期間における目的を設定し、行動を促し、成果を測定し、報酬を決定した。

## 「アジアウェーブ」の成果測定

アジアウェーブの実施期間中、ＤＢＳのバランススコアカードは次の３つの従来型のＫＰＩ（重要業績評価指標）で構成されていた。

### １．株主指標

持続的な成長の達成に注力し、財務業績を計測する。ＫＰＩには所得成長、費用関連比率、自己資本利益率が含まれる。また銀行はリスク関連のＫＰＩも計測して、ＤＢＳグループの所得成長が、取るリスクに対してバランスが取れるようにした。

### ２．顧客指標

選ばれる銀行としてのＤＢＳのポジショニング確立に注力するためのもの。指標には、顧客満足、顧客リレーションシップ、そしてブランドポジショニングの増進の達成が含まれる。

### ３．職員指標

職員に選ばれる銀行としてのＤＢＳのポジショニング確立に注力するためのもの。指標には、職員エンゲージメント、教育・育成、異動、離職率が含まれる。

指標の戦略優先順位もスコアカードで設定されており、銀行はそれに沿って、12カ月以内の達成を意図した取り組みを開始した。また戦略目的達成に向けた長期間の道程の一部として、同行は具体的なＫＰＩ群と９つの優先項目の目標、およびその他の重点領域を設定した。

## 「デジタルウェーブ」の成果測定

デジタルウェーブの導入にあたってＤＢＳ銀行は、デジタルトランスフォーメーションの価値を測定する方法を見つける必要があった。また、銀行が「デジタルウェーブ」の実行を開始した際に経営陣が気づいたのは、デジタル顧客を抱えることによる価値をアナリストや株主に説明できないことだった。

経営陣は、デジタルを活発に利用する顧客とそうでない顧客との差異を明確化することに注力した。彼らが予測したのは、デジタルを活発に利用する顧客は非デジタル顧客に比べて、収益、費用、そして利益面でのプラスを実現してくれるであろうということだ。この仮説を確認するためには、顧客のデジタル活動を追跡する新しい指標を採用することが求められさらに強い印象を与えたのは、デジタル顧客全体で、従来型顧客の２倍の収益を創出したことだった。

た。このことからＤＢＳは、「デジタル価値創出の捕捉方法」を世界で最初に見出した銀行となった。

「デジタルウェーブ」の最初の３年間でチームが示したのは、顧客のデジタル利用が活発になると顧客と銀行とのつながりが総体として「天井を突き破る」ということだった。残高照会の回数、支払決済数、物理的活動回数の全てが増加した。実際、個人顧客であれ中小企業顧客であれ、活動数は16倍から多くは60倍へと増加したのだ。

印象的なのは、中小企業顧客から得られる総取引量が、３年の間に2倍を超えたことだった。さらに強い印象を与えたのは、デジタル顧客全体で、従来型顧客の2倍の収益を創出したことだった。

DBS銀行はまた、デジタライゼーションの価値は費用面よりも収益面で大きいことも認識した。

同時に、全てがデジタル化され始めたことで、処理コストが減少した。銀行はストレート・スルー・プロセシング（Straight-Through Processing: STP）の創出に注力した。２０２０年のデジタル顧客セグメントの経費率（cost-income ratio）は従来セグメントよりも30ポイント低く、２０１９年の20ポイントよりも差が拡大した。[注2]

そして実行期間中に成果が可視化されて投資回収が急速だったことで、さらなる活動が喚起され、それに予算がついた。様々な活動が非デジタル顧客をデジタル顧客に転換するのに役立った。２０２０年末には銀行の全取引の75％がデジタルで実行されていた。ただしこの結果は、Covid-19パンデミックとそれで人々がステイホームした影響を受けて部分的にかさ上げされている。

ＤＢＳ銀行はまた、デジタライゼーションの価値は費用面よりも収益面で大きいことも認識した。さらに、デジタルで銀行取引を行うと、対面で行うよりも便利なことに顧客が気づくことも発見だった。

デジタルバンキングの利便性は顧客のマインドセットの変化をもたらし、それはオンラインでショッピングを行うものとよく似ていた。人間の性質として、いったんオンラインで購買やバンキングを始めるとプロセスがより簡単になるので、よりそれを使うようになるのだ。

## トムとデイブ

ＤＢＳ銀行では、顧客のことを「伝統的（traditional: T）」とか「デジタル（digital: D）」と呼び続ける代わりに、伝統的顧客を「トム（Tom）」、デジタル顧客を「デイブ（Dave）」と名付けることにした。デイブ顧客は直近12カ月の活動に基づいて定義された。

・デジタルチャネルを通じて商品購入を行うか、所属セグメントの更新が行われた
・金融取引の50％超がデジタルチャネルで完結された

・デジタルチャネルを通じて50％超の非金融取引が実施された

これと比較すると、トム顧客は従来型のバンキング取引を選好する（測定するにあたって、ＡＴＭやクレジットカード取引のような、そのユビキタス性から伝統的行動／デジタル行動の選好を反映しない取引は除外している）。

こうした伝統的な顧客のバンキング行動を理解するために、ＤＢＳ銀行はデータ分析を行うツールを開発した。さらにＤＢＳ銀行はトムからデイブへの行動変容を定着化させたかったので、この行動を12カ月間のローリングで計測する尺度を導入した。この期間中にデイブ顧客がデジタル行動を示さなくなったら、彼はトム顧客になるというわけだ。この仕組みは、全ての事業がトム顧客をデイブ顧客に転換すると同時に、新しいデイブ顧客の獲得に確実に注力するように動機づけるものとなった。デイブ状態の維持についても同様である。

## 獲得、取引、つながり強化（Acquire, Transact, Engage: ATE）

２０１５年には、あらゆる事業部門がデジタル施策の創設と測定の独自開発に取り組み始めた。このことで経営陣は、ＡＴＥという頭字語（Acquire, Transact, Engage）を「デジタル・ウェーブ」に追加して、測定の目的適合性が確保されるようにした。

ＡＴＥの意味は次のとおりである。

### Acquire（獲得）

デジタルチャネル活用の向上を測定して、新規顧客獲得とデジタルチャネル利用比率の向上につなげる。

### Transact（取引）

紙の利用排除と自動化の推進を測定して、即時実行の提供につなげる。

### Engage（つながり強化）

顧客エンゲージメント、コンバージョン、デジタル資産間のクロスバイのコンテキスト型マーケティングの増進を測定する。

ＡＴＥは銀行全体を通じて「ビッグテックモデル」として知られるようになった。

## エコシステムの追加（ＥＡＴＥ）

２０１７年にＡＰＩプラットフォームが導入されたのを受けて、ＡＴＥスコアカードに「Ｅ」（ecosystem）が追加されて、エコシステムのパフォーマンスを計測することとなった。この４分野のスコアカードは、銀行のエコシステムパートナー企業との有意義なリレーションシップの育成と開発における前進を測定するものだ。

## バランススコアカードとアニュアルレポート

ＤＢＳではバランススコアカードをアニュアルレポートに組み込んでおり、そのためデフォルトで戦略が公開されている。銀行経営陣は、戦略を有することだけが差別化なのではなく、きちんとした実行戦略を有することが差別化であるという強い信念を持っている。そこまでやって、全ての組織が一体となって、顧客に焦点を当てた新しいマインドセット、組織文化、方向性を受け入れるのだ。ゴール、ターゲット、アクションはバランススコアカードで設定されており、戦略を銀行の様々な事業や部門で実行していくことになる。

バランススコアカードは毎年12月に更新されており、個々の事業がターゲットに沿って１月１日から活動開始できるようにしてある。スコアカードは、組織を通じて展開される前に、取締役会の承認を得なくてはならない。その目的は、あらゆる事業、国、サポート機能のゴールが銀行全体を通じて調整されているようにすることだ。

## 「デジタルウェーブ」の価値

年月を重ねるにつれて、ＤＢＳ銀行のバランススコアカードからは以下のような主要な知見が明確となってきている。

・平均的なデジタル顧客から得られる収益は、平均的な伝統的顧客の収益の2倍を超える。
・デジタル顧客は２０１９年には３３０万人であったものが、２０２０年には３７０万人に増加している。
・デジタル顧客基盤は、２０１５年に銀行の33％だったものが、２０２０年には78％に増加している。
・デジタル顧客と伝統的顧客の経費率（cost-income ratio）の差は、２０１９年に20ポイントであったものが、２０２０年には30ポイントに拡大した。デジタル顧客の取引量は従来型顧客の16倍から最大60倍までとなっており、より多額の口座残高を有し、より高いエンゲージメントを示している。

・デジタル顧客の自己資本利益率は32％であり、従来型顧客の同比率よりも10ポイント高い。

・２０１７年のＤＢＳの純利益は４％増加して43・９億ドル※となった。２０１８年の純利益は28％増加して56・３億ドル、２０１９年には14％増加して63・９億ドルとなった。２０２０年のＤＢＳグループの純利益は47・２億ドルであった。

・２０２０年、総所得は２４６億ドルで安定的だった。ＤＢＳ銀行が早期にデジタルトランスフォーメーションに投資してパーパスドリブンの銀行へと転換したことが、このチャレンジングな年を通じてのオペレーションを支えた。

・様々な問題が生じた年であったが、２０２０年の同行の業績は84・３億ドルで過去最高となった。これは営業基盤の強固さと卓越した実行能力を反映している。

（※）全ての数値はシンガポールドル表示である。

注２　「アニュアルレポート２０２０」、ＤＢＳ、２０２１年４月16日参照、Ｐ14
https://www.dbs.com/annualreports/2020/index.html?pid=sggroup-pweb-investors-pdf-2020-stronger-together

# 第3章 アジアウェーブ

２０１０年のこと、ＤＢＳ銀行への参画からわずか2～3カ月後、ピユシュは経営トップ層を伴って3日間の合宿を実施して、新しい戦略を練った。

２０１０年合宿の結果出された戦略は、以下の３つの主要領域をカバーしている。

1. 新しいアジアにおいて、選ばれるアジアの銀行となる――銀行のなりたい姿
2. ９つの戦略的優先事項
3. ５つのアジアの柱――主要差別化領域と競争優位

## 1. 新しいアジアにおいて、選ばれるアジアの銀行となる

本戦略では、新しいアジアにおいて選ばれるアジアの銀行となるにはどうすべきかを明確にした。国内銀行でも国際銀行でもなく、その両者の中間にあるスイートスポットを占めるのだ。

このことから、国内の貸し手やグローバルプレーヤーとは異なるアジアの銀行というビジョンが浮かび上がってきた。

アジアに特化することで、ＤＢＳはローカルな貸し手に対して競争優位に立てる広がりと先進性を手にすることになる。アジアにおける知見の深さは、グローバルな競争相手に対して同行を際立たせることになった。

「新しいアジア」は、アジアがどんな姿になっていくかについて銀行が考えていたものを言語化した先見的なステートメントだった。アジアはより先進的となり、自信を深めていくということだ。しかし同時に同行は、アジアを特徴づけている価値を見失いたくないとも思っていた。

経営陣はまた、地元でＤＢＳが強い存在でなければならないことにも合意した。シンガポール市場で支配的でなくして、どうして強いアジアの銀行となることができようか？

## 2. 9つの戦略的優先事項

合宿の場で経営チームは、3つの明確な領域での9つの戦略的優先事項を整理した。

**地理的展開**

1. シンガポールにおけるポジションを確固たるものとする
2. 香港フランチャイズの位置づけを見直す
3. 地理的な事業の組合せのバランスを再構築する

**地域内ビジネス**

4. 地域全体で中小企業バンキング事業の主導権を確立する
5. 地域全体で資産運用提案を強化して、新規見込み客数の増加への対応力を上げる

**イネーブラー(成功を可能にする要因)**

6. 地域全体でグローバル取引サービスとトレジャリー顧客事業を確立する
7. 顧客をDBSにおけるバンキング経験の中心に据える

8．マネジメントプロセス、人員、組織文化に焦点を当てる
9．テクノロジーとインフラストラクチャーの基盤を強化する

これらの優先項目は、グループのスコアカードをつくる基礎となった。「アジア型バンキング（Banking the Asian Way）」はこの戦略を通じて紡ぎ出されたものであり、顧客と職員とのリレーションシップ定義の際の差別化要因となった。

またこの戦略によって同銀行は、主要アジア市場ネットワークにおける円滑なつながりを活用して、独自のアジアの知見とデザインソリューションを提供することが可能になった。

## 3．5つのアジアの柱――主要差別化領域と競争優位

DBS銀行が自らを差別化する方法は、5つのアジアの柱として知られるようになった。

### ①アジアにおけるリレーションシップ

DBSはアジアにおいてリレーションシップとは何たるかの要素を明確にしようと努力している。リレーションシップには色々な紆余曲折があることは認識している。リレーション

シップを全体としてとらえ、あらゆる個々の取引がそれ自体で収益的である必要はないと理解している。私たちは下降局面にあるときも顧客に寄り添う。

### ②アジアにおけるサービス

ＤＢＳのサービス精神はＲＥＤのモットーの上に築かれている。尊重され（Respectful）、取り扱いが簡単で（Easy to deal with）、頼れる（Dependable）ものであって、謙虚に奉仕し、自信をもってリードする。

### ③アジアにおける知見

ＤＢＳは他の地域よりもアジアをよく知っている。私たちは独自のアジアの知見を提供し、カスタムメイドのアジアの商品を生み出す。私たちが顧客と交わす会話は、受賞歴のある調査能力に支えられたものであり、その調査は、アジアの市場と産業への知見を提供するものだ。

### ④アジアにおけるイノベーション

ＤＢＳは、バンキングをより速く、直観的で、インタラクティブなものにしようと努力しつつ、市場に合った新しいバンキングの手法を革新し続ける。

## ⑤アジアにおける接続性（Connectivity）

ＤＢＳは地域をまたぐコラボレーションにより業務を実施し、顧客の業績がアジアにまたがって拡大するのを支援する。

この戦略は承認を求めて取締役会に諮られた。取締役会は経営陣を支持し、対中国貿易や新テクノロジーインフラストラクチャーの開発といったチャレンジを始めることを承認した。取締役会は、この取り組みがこれまでよりも高いリスクアペタイトと大きな投資を必要とすることを受け入れたのだ。

ＤＢＳ銀行は２０１０年に上海に新オフィスを開設するにあたって、その新戦略を公表した。このイベントでは、銀行の新たな注力地域がクローズアップされた。戦略や優先順位はアナリストたちに公開され、それらが実行されていくにつれ、成果が戦略目的に立ち戻ってリンクされた。

同銀行の経営陣は、ＤＢＳにとって成功とはどのようなものか、戦略的成果の実現に必要なものは何か、結果がどんな順序で得られるか、そして何が計測されるべきかについて、より明確に示すようになった。新しい戦略とピユシュがその実行管理を担ったことが安定性をもたらし、それが結果につながった。さらに新しい戦略が始まったことで、職員は今後２～３年の間に、何か従来とは異なるものを創出する機会を与えられた。そして皆が立ち上がった。

## 世界金融危機

2010年における戦略の構築と導入がひときわ困難であったのは、世の中全体が世界金融危機から抜け出しかけている状況にあったためだ。銀行業界にとっては不確実性の高い時期であり、業界自体が根本的な変革を経験しつつあった。世界中の規制当局が基準を厳格化して、ビジネス内の過剰な高リスク部分を排除し、投機的な活動を制限していた。バンキングをより伝統的で真に有用な活動へと引き戻そうという、業界コミュニティの圧力が積みあがっていた。

これに対応して銀行業界は、「ご都合主義」から「価値重視」へ、「短期利益最大化」から「長期安定的利益」へと目に見えるかたちで移行した。有害なものに転化するようなバンキング商品を生み出すのではなく、経済財やサービスの生産を円滑にする商品へとシフトしたのだ。DBSもまた業績報告において、コーポレートガバナンスへの注力と、複数のステークホルダーに対する責任の一層の明確化を求める声の高まりに対応しようとしていた。後にこれは、DBSの経営陣が銀行全体に対して行った「サステナビリティウェーブ」の導入に影響を与えることとなった。

銀行に影響を与えるその他の潮流の変化の中には、アナリティクス、テクノロジー、顧客行動などがあった。さらにモバイルバンキングが、顧客と銀行との接点として最も急速に成長する領域になっていた。

## アジアウェーブのベストプラクティス

ＤＢＳ銀行がアジアウェーブの全ての重要戦略目標を達成したのは、当初想定の５年よりも12カ月ほど早かった。企業の３分の２が戦略実行に失敗する（ブリッジ・コンサルタンシー調査による）[注3]中で、いくつかのベストプラクティスが銀行を成功に導いた。そのうち５つのベストプラクティスについて以下に述べる。

### ベストプラクティス1
### RED

２０１０年の経営陣会議で、チームは２日間を費やして、アジアにおけるサービス（戦略の５つの柱の１つ）が銀行にとって意味するものを定義した。結果はＲＥＤという頭字語となり、それは次のような意味だ。

・Respectful：尊重できる
・Easy to deal with：取扱いが容易な
・Dependable：頼りになる

ＲＥＤ（赤は銀行のブランドカラーでもある）によって、アジアにおけるサービスのコンセプトをＤＢＳ職員に実感させることが可能となった。それは職員が自分自身の業務に翻訳して取り込めるものだった。

ＲＥＤの活動を監督して各種イベントをうまく調整するために、ピユシュを議長とする顧客経験委員会（Customer Experience Council: CEC）が設置された。ピユシュが委員会の議長になったことが、ＲＥＤと新しい戦略の重要性を銀行全体に強いメッセージとして伝えることになった。

当時を振り返ると、２０１０年のＤＢＳ銀行のサービスはシンガポール顧客満足度指数（Customer Satisfaction Index of Singapore: CSISG）によれば、シンガポールで最低だった。職員はＲＥＤの取り組みを通じて、変化を起こして違いを生み出す力を付与されたと感じた。それが顧客経験にプラスに作用したのだ。4年後、ＤＢＳ銀行は顧客満足で最高位となり、シンガポール航空よりも高く評価された。皮肉なことに同社は、顧客サービスについて

**図1.0　シンガポール経営大学による年次顧客満足度調査**

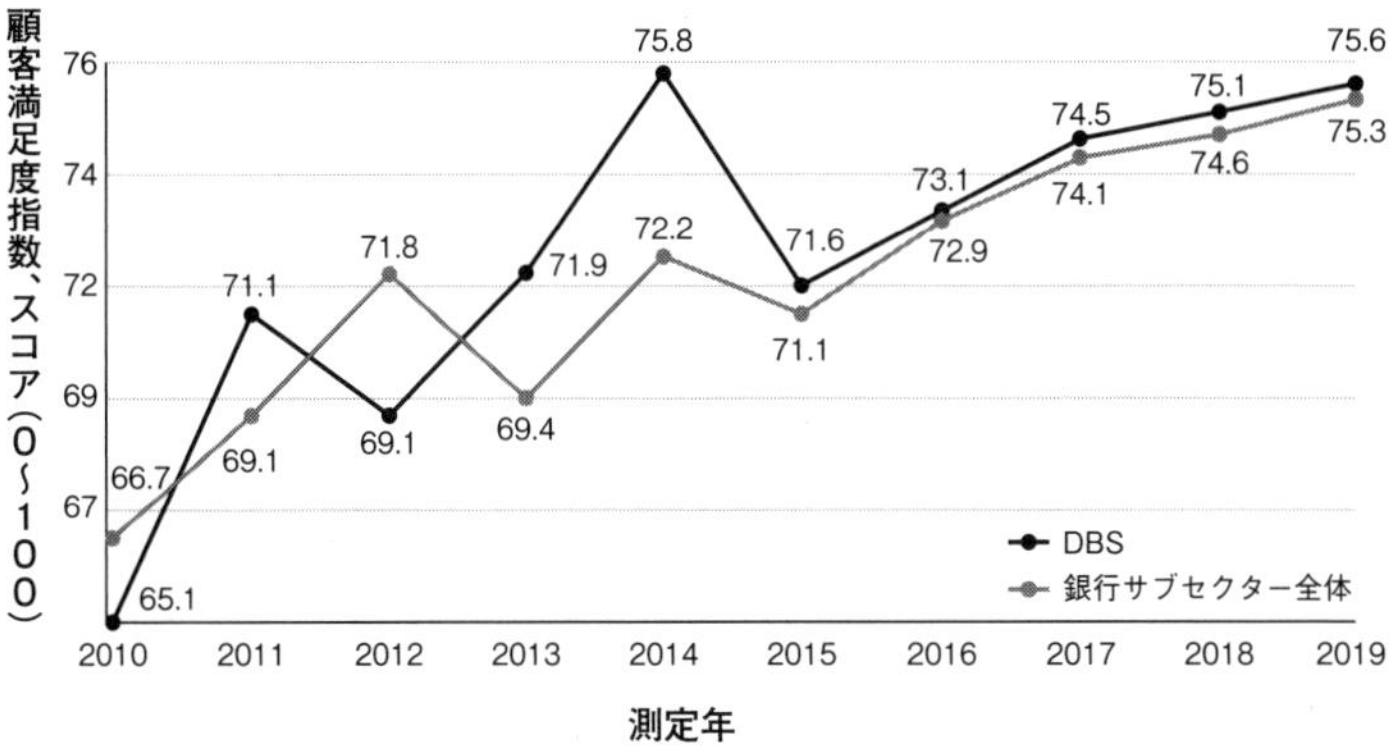


参照調査：シンガポール顧客満足度指数
出所：シンガポール経営大学サービス・エクセレンス研究所


学ぶ対象としてDBSが評価基準とした相手だった。

実際、「RED」は人々の働き方を示す動作動詞となった。まるで人々が検索のことを「ググる」とか、配達のことを「フェデックスする」と言うのと同じように。

DBSにおけるアジアウェーブの導入の方法に関しては、著者がシンガポール経営大学（Singapore Management University）と共同で出版したケーススタディに詳細が紹介されている。[注4]

図1・0は、顧客満足度が時間経過とともに上昇していく様子を示したものだ。

ベストプラクティス２

# デジタル世代のＲＥＤ

ＲＥＤはデジタライゼーションの基礎固めとして役立った。２０１７年、ＤＢＳ銀行の経営陣は、デジタル世代にとってＲＥＤの意味が何かをあらためて検討した。

「Respectful（尊重できる）」は当初、ＤＢＳ銀行が職員相互と顧客への接し方を表したものだった。現在ではこの言葉の意味はより広い。例えばそれは、顧客の携帯電話のバッテリー寿命やデータ容量を尊重することにも通じる（例：顧客に対して、データ容量を使いつくしてしまうようなもののアップロードを依頼しようとしない）。

「Easy to deal with（取扱いが容易な）」は当初、顧客の時間の削減と問題の解決に注力するものだった。現在ではそれは、より優れた顧客インターフェイスや顧客経験を有することも意味している。

「Dependable（頼りになる）」は当初、信頼性を重視するものだった。現在ではそれは、銀行システムのパフォーマンスの高さをも意味している。

ＲＥＤは発展を続けており、職員に正しい行動を促し、顧客サービスにおけるＤＢＳの他の銀行との差別化を可能にしている。

## ベストプラクティス3

# PIE

ピユシュがDBSに入るより以前、DBS銀行はプロセス改善イベント（Process Improvement Event: PIE）を実施していた。PIEは改善が必要なプロセスをチームで再設計するアプローチである。5日間をかけてプロセスの現状を明確にし、ムダを排除して、将来像を再設計するものだ。再設計の期間中、プロセスを担当するリーダー層が集まって問題について議論し、変革が必要な部分を承認した。PIEチームはリーダーたちに実行を引き受けてもらわなければならなかったからだ。

PIEが成功した結果出てきたのは果敢なゴールで、非付加価値ステップを排除して銀行のオペレーションを改善することで、行内で100万時間を節減するというものだった。その結果、人々の考え方に大きな変革が起こり、目標はコスト削減から時間節約へと変わった。PIEの成功度合いが上がるにつれて、100万時間節減という目標は定義し直され、「顧客の」100万時間を節減するものとなった。これは、より顧客中心主義となるという銀行のゴールとも一致していた。

目標値を上方修正したことは、PIEのアプローチの成功を反映したものだ。2014年には、顧客時間が250万時間も節減されていた。PIEは「デジタルウェーブ」の下で、顧客マッピングへと進化した。

ベストプラクティス4
## トリプルEフレームワーク

DBS銀行はトリプルEという包括的なフレームワークを開発した。それは職員にとって有意義な学習環境を創出し、そのキャリアの伸展を支援するものだ。フレームワークの要素には、教育、経験、露出が含まれていた。

- **教育**：統合的な学習経験。ロールプレイ、シミュレーション、モバイル学習と社会的学習、ハッカソンを含む
- **経験**：国と機能に横串を通したアサインメント、国際的な異動、戦略タスクフォースへの参加、短期ローテーション
- **露出**：経営幹部層との組織的なネットワーキングとメンタリングおよびコーチング

職員の取り組みを奨励し、内部でタレントを育成するために、銀行は新たに内部異動方針を打ち出した。「2＋2」と「3＋3」と呼ばれるものだ。

- **2＋2**：AVP（Associate Vice President）以下は、2年経過後に銀行内の別の役割に応募可能である。承認された場合、管理者は承認から2カ月以内に彼らをリリースしなければならない。
- **3＋3**：VP（Vice President）以上は、3年経過後に銀行内の別の役割に応募可能である。承認された場合、承認後3カ月以内に現行ポジションからリリースされる。
- **5@5**：なお、カルチャー改善の中には「5@5」方針の導入も含まれていた。アジアにおいて、銀行職員は労働時間の長さで評判が悪かった。そこで5@5の取り組みでは、金曜日は5時に帰宅してもよくなった。ブレークスルーである。

トリプルEフレームワークの目的は、銀行の文化を進化させることだった。内部から何かを起こす必要があったのだ。

## ベストプラクティス5
## HCD

ＤＢＳ銀行が行った顧客中心主義アプローチは、行内で不可欠な重要な役割を演じることとなったが、２０１２年にはすでに、カスタマージャーニーと人間中心デザイン（human-centered design: HCD）を通じたイノベーションへの動きが出ていた。

その目的は、人々に必要なスキルを教えることでイノベーションの文化を生み出し、銀行内の誰もがイノベーションを起こせるようにすることだ。

「アジアウェーブ」の導入を通じてこれらのベストプラクティスが生まれたことで、経営陣は無意識に「デジタルウェーブ」の基礎づくりを開始していたことになる。

注３　「調査とケーススタディ」、Bridges Consultancy、２０２１年４月12日参照
http://www.bridgesconsultancy.com/research-case-study/research

注４　Robin Speculand and Adina Wong、「ＤＢＳ銀行：戦略導入を通じた変革」、２０１６年７月
https://ink.library.smu.edu.sg/cases_coll_all/159

# 第４章

# デジタルウェーブ

２０１４年のプーケット島での経営陣ミーティングを終えて、ＤＢＳは「デジタルウェーブ」の導入に取り掛かった。「新しいアジアにおいて選ばれるアジアの銀行」となることが、「アジアウェーブ」の中核であった。同様に、「デジタルウェーブ」では「バンキングを楽しくする」ことが中核に据えられた。目的は、カスタマージャーニーに焦点を当てて、導入される数々のテクノロジーから得られる機会を活用することである。その結果どうなるか？　バンキングを目に見えなくすることで顧客にとって楽しい経験とするということだ。銀行のあらゆる部署で、顧客のために「バンキングを楽しくする」取り組みが始まった。

当時のピユシュの懸念は、多くの金融機関がフロントエンドのシステムを多少いじくるか、単純にウェブサイトを更新するといったことをやっていて、中核からの変革に取り組んでいないことだった。こうした考え方が、デジタルテクノロジー導入の３分の２が失敗に終わる理由につながっていることを、様々な調査が示している。[注5]

「デジタルの口紅を纏うだけでは十分ではないのだ」――ピユシュ（ＣＥＯ）

そのため、経営陣は「デジタルウェーブ」を銀行全体に組み込もうとし始めた。同時に、常に顧客視点からのトランスフォーメーションに取り組むようにした。ピユシュは「デジタルウェーブ」がＩＴ施策として見られることがないようにしようと決心した。実際それは、全く異なるものだった。

単にデジタルの口紅をつけるのでなく、完全なデジタル主導銀行へと変革するために、ピユシュは以下の４つの項目に優先的に取り組んだ。

### 1．ジャーニー全体が円滑に流れるインターフェイスを通じて、ポジティブな顧客経験を創造すること。

例を挙げれば、同行は「DBS PayLah!」というデジタルウォレットアプリを導入して、人々が携帯電話でバンキングが行えるようにした。それは便利で安全に設計されていたが、同時にソーシャルな楽しみも組み込まれた。

他の例では、顧客が利用に慣れるまでのデジタルチャネルの利用料は最低限とした。そのためＤＢＳが立ち上げたオンライン口座開設では、中小企業は簡素で速く簡単なプロセスで自社の顧客をデジタルに乗せられた。

　またＤＢＳは、融資の申し込みをデジタル化したアジアで初の銀行となった。それはシンガポール内の支店にとっては重要なものとなっていった。例えば中小企業は今や11種類の融資商品をオンラインで申し込めるのだ。顧客は申し込みをオンラインで追跡可能であり、融資手続きの通知を即時に受けられる。

　他の例としては、香港の中小企業顧客はモバイルアプリを通じて融資を申し込むことが可能で、原則的に1時間以内に承認を受けられる。

**2. モバイル手段とアナリティクスを通じてサービスをデジタル化し、紙を排除すること。**

　これを実現するために銀行は、ＳＯＡ（サービス・オリエンテッド・アーキテクチャー）とＡＰＩ（アプリケーション・プログラミング・インターフェイス）のフレームワークを活用した。デジタルサービスによってペーパーレスで即時に手続きが行われるため、顧客にとっては収入や費用面でのベネフィットが実現される。

**3. テクノロジーの活用に基づく新しいビジネスモデルを創造すること。**

　このゴールは手数料や金利収益からの転換を必要とする。

**4．職員がその職務環境下で目的感を育めること。**

これが実現すれば、意思決定の羅針盤として機能し、エンパワーされ取り組み意識の高い労働力が創出される。

この4つの優先項目によって、銀行経営陣の考え方が統一され、変革に向けた意欲を明確に言葉にできるようになった。

## 「バンキングを楽しくする」を組織内に伝える

全ての職員に前向きに取り組んでもらうためには、新しい戦略が導入されつつあることを全員が理解する必要があった。

ＤＢＳ銀行は、戦略を説明する1ページの図を作成した。その図には「バンキングを楽しくする」と屋根に大書された家と、5つのアジアの柱が描かれていた。家の基礎部分には、「デジタル世界を受け入れる」「カスタマージャーニーを組み込む」「誇り！　と価値を実践する」という戦略優先項目が書き込まれていた。背景はシンガポールの風景となっていた。

## 「バンキングを楽しくする」を組織外に伝える

新しい戦略とともに、「Live more, Bank less（生活をもっと楽しく、バンキングはもっと少なく）」という対外ブランディングが採用された。

ＤＢＳが戦略の名称について調査したところ、「バンキングを楽しくする」では、顧客が理解できないことが分かった。そこで銀行は新しい対外ブランディングを創ることを決定した。

対外キャッチフレーズでは、ＤＢＳが顧客の心の中に実現したいものを表現した。それは、もし銀行の金融サービスが、顧客があるべきと考える方法で提供されるなら、結果としてイライラや退屈さが少なくなるだろうということだ。そうなれば、銀行取引に関する不安は薄まり、一方で「自分がしたい方法で生活を送る」ことに、より多くの時間を使えることを良いと思うことになる。

実際、ＤＢＳが思い切って「Live more, Bank less」と言ったことで、人々は、バンキングは生活の一部としてシームレスであるべきというそのアイデアを好ましく感じた。一方のＤＢＳの側にとっても、バンキングを顧客の生活に組み込むことで、その財務目標を達成することが楽しいものとなった。ＤＢＳがこれを実現するためには、フレキシブルで俊敏になり、同時に真剣に顧客中心になることが求められた。

銀行のウェブサイトで見られるビデオ（www.dbs.com/livemore/about-dbs.html）では、銀行を目に見えなくするというコンセプトをさらに踏み込んで説明している。

この戦略を導入するために、経営陣は以下の3つの戦略原則を同等のレベルで採用した。

1. 組織の芯までデジタル化する（Become Digital to the Core）
2. カスタマージャーニーの中に自らを組み込む（Embed Ourselves in the Customer Journey）
3. 組織文化を変革し、スタートアップ企業のように考える（Culture by Design, and Think Like a Start-up）

## 1. 組織の芯までデジタル化する

デジタルシフトを起こすためには、ＤＢＳのコア・プラットフォームに対する多額の投資が必要であり、それには5〜10年を要した。

経営陣は、全く新しいテクノロジー・アーキテクチャーを採用する必要性を認識していた。

経営陣は、全く新しいテクノロジー・アーキテクチャーを採用する必要性を認識していた。

そして「アジアウェーブ」は、全てのデジタルトランスフォーメーションのプロセスに向けた「頭金支払い」であると考えられた。

また経営陣は、芯までデジタル化するためには、テクノロジー・アーキテクチャー全体の見直しが必要となることと、そのテクノロジー・アーキテクチャーの見直しでは根幹部分に立ち返ることが必要となることを理解していた。すなわち、中核プラットフォーム、レガシーシステム、ネットワーク、データセンターである。

そして、それぞれの領域について見直しが必要となった。

カスタマージャーニーの中に自らを組み込む。これは、徹底的に顧客志向となる方法を別のかたちで表現したものだ。

## 2. カスタマージャーニーの中に自らを組み込む

これは、徹底的に顧客志向となる方法を別のかたちで表現したものだ。

本当の変化は、顧客のために「やるべき仕事」を再考するところから始まる。現在では、なされるべきことを定義して組み立てる銀行の物言いの中に組み込まれている表現である。

このフレーズは、顧客ニーズに基づいたイノベーションに関するクレイトン・クリステンセンの著作から採用された。[注6]

具体的には、銀行はデザインシンキングを採用して、「4D」と呼ばれるアプローチを使えるように職員を訓練した。Discover（発見）、Define（定義）、

Develop（開発）、Deliver（提供）である。4Dアプローチが教えるところによって、職員たちはカスタマージャーニー思考を身につけ、顧客への価値提案を定義する方法を検討し直した。

銀行の経営陣は、顧客中心主義が「デジタルウェーブ」における最優先事項であると固く信じていた。このゴールは、テクノロジーや職員中心主義を最優先項目とする他の企業とは異なるものだった。

## 3. 組織文化を変革し、スタートアップ企業のように考える

DBSのトランスフォーメーションの戦略的要素は、組織文化の変革を継続することである。このゴールに向けて必要となるのは、組織文化のどの部分が変革されるべきかの明確化とともに、スタートアップ企業のように考え行動する方法である。

経営陣は、新しいツールを習得し、実験し、速く失敗し、前向きに失敗することを職員たちに求めた。職員たちが期待されたのは、ミニマム・バイアブル・プロダクト（Minimum Viable Product（MVP）：最小限の機能を備えたプロダクト）を生み出し、小さなアジャイルチームで活動し、常により大きなリスクをとることだ。

このゴールに向けて必要となるのは、組織文化のどの部分が変革されるべきかの明確化とともに、スタートアップ企業のように考え行動する方法である。

「デジタルウェーブ」推進のために文化の変革をより深く掘り下げるため、銀行の経営陣は、先進的なテクノロジー企業が行っていることを調査した。その結果から彼らは、次のようなものが必要であると決定した。

・アジャイルを採用すること
・学習する組織となること
・徹底的な顧客志向となること
・データドリブンになること
・リスクテイクと実験を奨励すること

３つの戦略原則については以下の章でより詳しく説明する。

注5　「なぜほとんどの変革は失敗するのか？　ハリー・ロビンソンとの対話」マッキンゼー＆Co
https://www.mckinsey.com/business-functions/transformation/our-insights/why-do-mosttransformations-fail-a-conversation-with-harry-robinson

注6　クレイトン・M・クリステンセンほか、「顧客の『なされるべきこと』を理解せよ」、HBR.org、２０１６年９月
https://hbr.org/2016/09/know-your-customers-jobs-to-be-done

第5章

## デジタルウェーブの第1戦略原則

# 組織の芯までデジタル化する

ＤＢＳは見事に銀行全体を芯までデジタル化している。このために求められるのは、銀行がその上にコアシステムを構築できる盤石な基盤を創造することと、フロントからバックまでの銀行の完全なトランスフォーメーションを調和して行うことだ。トランスフォーメーションでは、銀行の顧客対応をより俊敏で速くすることに焦点が当てられた。

当初から経営陣が明らかにしていたのは、銀行が芯までデジタル化してテクノロジー企業のように動こうとするなら、偉大なテクノロジー企業から学んで、彼らが何をしたのかを明確にして、銀行が採用可能な重要要素を特定することがベストだということだ。

構築するコアシステムを乗せる盤石な基盤を創り出すために、銀行は「アジアウェーブ」の期間中にも時間と資金を投下した。行ったのは、全ての所在地を戦略的に横断する共通プラットフォームを導入することだ。その次に経営陣が手を付けたのは、より俊敏さを増して、このために求められるのは、銀行がその上にコアシステムを構築できる盤石な基盤を創造することと、フロントからバックまでの銀行の完全なトランスフォーメーションを調和して行うことだ。

商品市場投入の所要時間を加速し、頻度を高めるための方法を明確にすることだった。彼らは、背後にある銀行のテクノロジーインフラの新しいアーキテクチャーを設計し、クラウドネイティブとすることに注力した。これによって、全てのエコシステムパートナーを通じてスケーラビリティが実現され、データを最大限に活用して協働することで、ビジネスとテクノロジーの双方のレベルが上がった。

　銀行のテクノロジーは、悩ましいボトルネックであったものが、ビジネスを可能にし、推進するものへと急速に変貌したのだ。

経営陣は、「デジタルウェーブ」を受け入れて成功するためには、職員が銀行で働いていると考えるのを止めることが必要だということが分かっていた。

## 我々はテクノロジー企業だ

ＤＢＳの職員にはバンカーとしてのものの考え方が自然に染み付いていた。しかし経営陣は、「デジタルウェーブ」を受け入れて成功するためには、職員が銀行で働いていると考えるのを止めることが必要だということが分かっていた。そうではなく、テクノロジー企業で働いているように考え始める必要があった。

現在では、「我々はテクノロジー企業です」という表現を他の企業が使うのは珍しいことではない。しかし２０１５年当時は、ＤＢＳはこのアプローチを採用した最初の企業の１つだった。そこで最も重要な問いかけとなったのが、どうすれば職員のマインドセットを変えられるかだ。

「ＤＢＳでは、銀行のようには活動せず、よりテクノロジー企業のように活動する」――ピユシュ（ＣＥＯ）[注7]

## ジェフならどうする？

銀行のデジタルトランスフォーメーションの組み立て方を変革してテクノロジー企業のように考えるために、同行ではアマゾンのＣＥＯであるジェフ・ベゾスがどうやって企業を運営しているかを考えた。そうして得た知識が、「ジェフならどうする？」という銀行を通じての問いかけを採用することにつながった。ソリューションとしてのバンキングアプローチについて、アマゾンがやっているように、デジタル主導型ソリューションを生み出すテクノロジー企業のように考えるのだ。

「ジェフならどうする？」という問いかけは広く受け入れられた。そう問いかけることが、思考プロセスとアプローチのレベルを引き上げることに役立った。それはデジタルマインドを身につけようとするＤＢＳ職員にとって必要なものだった。

しかしながら、キャッチフレーズだけでは十分でなかった。職員がデジタル主導型ソリューションを使いこなすために、銀行全体のテクノロジーに必要だったのは、コアシステムの堅固な基盤を創り出すことだった。

## ガンダルフ（GANDALF）

西洋の複数のテクノロジー企業を訪問した後にＤＢＳ銀行は、テクノロジートランスフォーメーションを意味する「GANDALF」という頭字語を考え出した。GANDALFとは、J・R・R・トールキンの小説『ホビットの冒険』と『ロード・オブ・ザ・リング』に登場する魔法使いの名である。

この頭字語で、Ｇはグーグル（Google）であり、グーグルのようにオープンソースのソフトウェアを使う。Ａはアマゾン（Amazon）で、アマゾンのクラウドプラットフォーム上で動く。Ｎはネットフリックス（Netflix）で、データと自動化を使ってビジネスを拡大し、ネットフリックスがやっているように個人向けの推奨を提供する。Ａはアップル（Apple）で、アップルのようにシステムを設計する。Ｌはリンクトイン（LinkedIn）で、継続的学習を促進する。そしてＦはフェイスブック（Facebook）で、よりコミュニティに注力する。

GANDALF は銀行のデジタルトランスフォーメーションを最高のテクノロジー企業と比較するものであり、他の銀行と比較するものではない。この区別は重要だ。

ではＤは何だろうか？　ＤＢＳ銀行がGANDALF のＤであり、シンガポール発のデジタルとデータの銀行ということだ。

GANDALF は銀行のデジタルトランスフォーメーションを最高のテクノロジー企業と比較するものであり、他の銀行と比較するものではない。この区別は重要だ。世界のベスト銀行となるためには、他の銀行の真似をしていては不可能だ。銀行よりもよりテクノロジー企業のように考えなければならない。

人々の働く速度が上がり、顧客視点の見直しが始まると、それから危機感が生まれるのに長くはかからなかった。GANDALF は避雷針のように機能して、全ての職員がテクノロジー企業のように考えるための火付け役となった。

職員たちは自由に考えてよいことに共感し、それはいくつかの形で表出した。主要な例としては、職員開発を支援するGANDALFの識者グループが形成された。個々のメンバーは1000ドルを与えられて、何か意味のあることを学びに行くように指示された。学びの場から戻ってきた彼らは、自分たちが学んだことを他の人々に教えなければならなかった。他人を教えなければならないと分かっていたことで、彼らは訓練の場で熱心に学んだ。このアプローチに参加した職員は15000名以上にもなった。

## 5つの重要テクノロジー施策

GANDALFが新しいマインドセットを提供し、避雷針のように機能したことで、テクノロジー&オペレーション(T&O)部門はデジタルアーキテクチャーの構築に取りかかった。GANDALF企業から学んでT&O部門が最初に明確にしたのは、5つの重要テクノロジー施策に取り組む必要があることだった。

### 1.プロダクトからプラットフォームへの移行

3〜5年の長期プロジェクトを通じて運営委員会と官僚組織が「状況に応じた管理」をする方式から離脱すること。ビジネス部門がプラットフォームを所有し、テクノロジー部門が推進力とファンディングを提供する。

### 2．高パフォーマンスのアジャイルチームの開発

アジャイルになって、長期プロジェクトとその制約を排除し、テクノロジー部門とビジネス部門がゴールを異にせずに共有することで同じ土俵に置かれるように組織を組み替えること。ゴールを共有することはまた、手段を共有することでもある。

### 3．全てを自動化する

より高速なシステム構築、テスト、デプロイを可能にすること。リズムを加速することに焦点が置かれ、システムリリースは以前よりも速く実現するようになった。

### 4．最新システムの設計

スケーラブルで自由度が高く、実験のしやすいテクノロジーを設計してシステムを構築すること。この戦略の推進には、クラウドの活用が必要だった。

### 5．成功に向けて組織をつくる

職員に適切なツールと支援を提供してアジャイルな働き方を推進すること。

２０１８年には、GANDALFトランスフォーメーションの目標は進化して以下の３つとなった。

### 1．「クラウドネイティブ」になること

コストを低減し、レジリエンスとスケーラビリティを向上させること。

### 2．リリース頻度を10倍に引き上げること

商品市場投入時間を短縮し、仕事のスピードを上げること。

### 3．APIとパフォーマンス指向で構築すること

さらにいっそう顧客中心となり、GANDALFをエコシステムに拡大すること。

## 1.「クラウドネイティブ」になること

「クラウドネイティブ」へと少し移行するだけの企業は、20%程度の節約効果を示す。ＤＢＳに関して言えば、それは「リフト・アンド・シフト」、つまりハードウェアを取り払ってクラウドに乗せるが、ヒトとソフトウェアは従来通り、といったものではなかった。このアプローチでは本筋から外れてしまう可能性があり、そうなると望ましい節約効果や有効性が実現されないことになる。ＤＢＳ銀行経営陣は「クラウドの口紅」を望んではいなかった。彼らが望んだのは「芯までクラウドであること」だったのだ。

ＤＢＳのクラウドネイティブ戦略は、３つの要素に焦点を当てている。ハードウェア、ソフトウェア、人材である。

- **ハードウェア：**共有してキャパシティを引き上げる
- **ソフトウェア：**オープンソースを活用してコストを低減し、カスタマイゼーションを使って自動化する

**●人材：**アジャイルとDevOps（システム部門と事業部門との相互理解を高め、その結果より高い全体説明責任を実現する）を採用する

　銀行が成長するにつれ、テクノロジー需要は増加した。しかしそれと同時に、Ｔ＆Ｏ部門は次のことを行った。

・グループインフラのコストを約５０００万ドル削減した
・サーバー台数（footprint）を80％削減した。それには物理マシン数が含まれるが、一方で処理量は5倍に拡大した
・２０１９年にはデータセンターの面積を75％と圧倒的に削減した

　データセンターを集約して一部をクラウド移行しつつある銀行もある中で、ＤＢＳは２〜3年前に物理データセンターを集約した。現行のデータセンターは２０１５年のものの４分の１の規模となった一方で、必要に応じて処理能力を10倍まで引き上げることが可能となっている。

　クラウドテクノロジーを採用したことで、ＤＢＳはキャパシティを共有し、異なるビジネスを通じて平等にリソースを使用し、自動化し、コストを削減し、様々なビジネスに対して

より速く対応している。例えば、ある事業がＴ＆Ｏ部門に注意喚起することなくキャパシティ要件を2倍にすることが可能であり、Ｔ＆Ｏ部門もそれに対応可能である。以前であれば、数週間前に連絡しておく必要があった。

ＤＢＳがクラウドを採用する重要判断要素は、それがプライベートクラウドかパブリッククラウドかということではなく、その使い勝手と銀行の成長への適合性であった。堅固なセキュリティが保証されることは基本原則でなければならなかった。

パブリッククラウドを採用することの利点は、必要に応じて支払いをするだけでキャパシティが増強可能になることだ。銀行にとっては、パブリッククラウドよりもプライベートクラウドをうまく使えばシステムの効率性に注力可能なことが明白だった。

現在、同行のオープンシステムの99％超がクラウド化可能であり、60を超えるアプリケーションが完全にクラウドネイティブである。その結果テクノロジーは、以前はボトルネックであったものが、ＤＢＳのビジネスを実現し推進する役割へと変貌を遂げた。例えば、「継続的統合と継続的デリバリー（Continuous Integration and Continuous Delivery）」施策を通じて、ＤＢＳ銀行は月次で30万件の自動化されたソフトウェアビルド（訳注：プログラミング言語で書かれたソースコードなどを基に実行可能ファイルや配布パッケージを作成する処理や操作）、３万件のコードリリースを行うことが可能になっている。以前のパフォーマその結果テクノロジーは、以前はボトルネックであったものが、DBSのビジネスを実現し推進する役割へと変貌を遂げた。

ンスと比較してほぼ10倍の増加である。

## 2. リリース頻度を10倍に引き上げること

「ジェフならどうする？」

この質問は、テクノロジー企業のように考えるよう銀行に挑むものだった。システム化要件を収集して開発とテストを行ってリリースするという従来のアプローチでは、一部しか学習が起こらなかった。真の学習は、アマゾンがやっているように、商品を素早く市場に出すことから得られる。テストと学習はその後に行うのだ。これが意味するのは、アプローチだけでなく、文化、組織、そして活動リズムまで変えなければならないということだ。それによって銀行は、顧客に迅速に対応し、商品を改善し続けることができるのだ。リリース頻度を上げることで、銀行は速く動くことができるようになった。

　また、リリース高速化を確立するためには、全てのアプリケーションの自動化とともにテストも自動化する必要があった。自動化を積極的に進めることで、同行はより速く動くこと、効率性を上げることが可能になった。これは重要だ。というのは、企業は活動速度を上げるとより多くの失敗を犯しがちだからである。つまり、評価と対応もより速くしなければならないのだ。例えば、銀行がアプリケーションの配備を完全自動化すれば、自動テストも10倍になるということだ。

　自動化推進を通じて同行のリリース速度は８・５倍と劇的に向上した。追加的な利点として、ＤＢＳは外部パートナーに対して、銀行がどれだけ俊敏で対応が速くなったかを示すことができた。

　２０１５年にはテクノロジーニーズが拡大して、データウェアハウス構築が企業のデジタルトランスフォーメーションの重要な要素となった。標準的なアプローチ、つまり需要に応じて構築し、個別要求に対応していれば、ゆうに2年程度を要しただろう。しかしこの標準ではＤＢＳのテクノロジーに対する欲求にはあまりに遅すぎた。

　Ｔ＆Ｏ部門はまずテクノロジーの見直しを行って、インフラプロジェクトのスケジュールを2年から6カ月足らずに短縮した。見直しには、事業構想の策定、構成要素の要件分析、アクションステップの明確化、調達のファンディング等が含まれた。これら全てを標準的なアプローチで実施すると、６カ月程度を要する。そしてそれは、プロジェクト開始のさらに前の話だ。Ｔ＆Ｏ部門は先行プロセス全体を自動化した。

インフラストラクチャーの標準化とデジタル化によって、銀行の要求に沿った拡大が容易になった。また実験の実施も容易になり、ビジネス全体を通じてアジャイル開発がサポートされた。これが可能になったのは、テクノロジーの変革が行われて銀行のビジネス要求に迅速に対応できるようになったからだ。

Ｔ＆Ｏ部門がリリース頻度の向上に懸命に取り組み続けることで、現在ではインフラプロジェクトの期間は１日未満となっている。

## 3．APIとパフォーマンス指向で構築すること

遡ること２０１１年、Ｔ＆Ｏ部門はＡＰＩ（アプリケーション・プログラミング・インターフェイス。マイクロサービスとも呼ばれていた）の可能性について調査していた。しかし、まずは銀行経営者たちにＡＰＩの何たるかを説明する必要があった。彼らは携帯電話がコンピューターにつながれている図を使って、２つのシステムの接続について説明した。

２０１７年、ＤＢＳは１５０を超えるライブＡＰＩを備えた世界最大のバンキングＡＰＩプラットフォームを成功裡に起動させた。プラットフォームは現在、１０００を超えるＡＰＩとそのＡＰＩプラットフォームにつながる４００超のパートナー企業を有している。ＡＰＩプラットフォームを開発したことでＤＢＳは、スタートアップ企業を活用し、エコシステムプレーヤーとしてパートナー企業を惹きつけることが可能になった。それにも増して同行は、コラボレーションの容易さで高い成果を獲得し、その間にもパフォーマンスを向上させ続けた。

注7　ブリアナ・パテル、「『ＤＢＳでは、人々は銀行ではなくテクノロジー企業のように振舞う』、ＤＢＳ銀行ＣＥＯピユシュ・グプタ」、DBS.com、２０１８年10月12日 www.dbs.com/innovation/dbs-innovates/at-dbs-we-act-less-like-a-bank-andmore-like-a-tech-company-with-dbs-bank-ceo-piyush-gupta.html

第6章

# テクノロジーＤＮＡの変革

Ｔ＆Ｏチームは、ＤＢＳ銀行のテクノロジーが最前線で、新しい弾力的な方法で成長する事業をサポート可能なようにした。その中には、まず革新的な方法を見つけることによって銀行のテクノロジーＤＮＡを変革し、クラウドベースでテクノロジーを拡張し、新しいフレームワークを適用し、自動化のベストプラクティスを導入し、市場投入速度を劇的に向上させることが含まれている（市場投入速度の計測は、最初にアイデアが開発されてから、テクノロジーが顧客と職員の手に渡るまでで行う）。

Ｔ＆Ｏチームは様々な手法を統合して、テクノロジーＤＮＡの劇的な変革をサポートした。

DFNOは初期の重要な成果であり、システム運用面でデジタルトランスフォーメーションが持つ意味を理解するための重要な転換点となった。

## 1．No Ops向けデザイン (Design for No Ops: DFNO)

ＤＦＮＯは初期の重要な成果であり、システム運用面でデジタルトランスフォーメーションが持つ意味を理解するための重要な転換点となった。それは、ＤＢＳ銀行の他の部分における運用のデジタル化の起爆剤ともなり、レガシー運用の見直しもその範疇となった。考え方は、動くものを全て計測するということだ。チームはその方法について全て理解していたわけではないが、ゴール達成への挑戦が始まった。

No Ops向けデザイン（Design for No Ops: DFNO。訳注：No Opsは「No Uncomfortable Operations」、すなわち負荷の

高いシステム運用をなくすこと）は、現行のものを運用ゼロへと完全に再設計するという類のものではない。というよりも、不要な部分を取り除いて、顧客を喜ばせるという付加価値部分に注力するものだ。

　コンセプトが表しているのは、想像上の状態または結果である。したがって、ＤＦＮＯは「偽需要」（Failure Demand：当初適正に事が運ばれなかったために生じる作業）なしで、すぐに満足につながるために必要な成果とは何かを定義するプロセスである。そこでは、別途フォローアップして差別化された顧客経験を生み出す必要はない。銀行は、データ計測機器を使ってプロセスを測定、モニタリングおよび管理をして、カスタマージャーニーがリアルタイムで分かるようにして、顧客が確実に喜びを得られるようにする。

## 2. 偽需要から需要マネジメントへ

　ＤＢＳ銀行は、運用側とビジネス側の文化の統合を実現するための用語生成にも注力した。これによって、「偽需要」という用語が発展して「需要マネジメント」となった。これは、ビジネス側が収益獲得に注力しても、そのことで運用側に生じる課題を考慮しないというギャップに対応するものだ。「No Ops」向けデザインは、需要マネジメントの一部に組み込まれた。

需要マネジメントは、バリューチェーン（需要）全体で生じる全ての作業を認識し計測し、その作業を排除、移動、最適化して生産性向上、コスト低減、そして顧客満足向上につなげるように体系的に取り組む手法である。それはまた、カスタマージャーニーの活用、統計分析の利用、商品デザインの改良やデジタル取引への顧客移行等を通じて、偽需要を削減しようとするものだ。

３年の期間（２０１４～２０１７年）を経て、ＤＢＳは自動化アプリケーションの全体をリリースし、テスト実施の自動化量は10倍となった。この積極的な自動化によって、商品の市場投入時間が短縮された。

## ３．グーグルの「トイル（Toil）」アプローチの採用

「トイル（Toil）」はＤＢＳがグーグルから採用した言葉で、手作業で、反復的で、自動化可能で、戦術レベルで、持続的価値がなく、サービス成長に伴ってリニアに増大するような傾向を有するような、プロダクションサービスの運営にひもづいた作業を意味する。[注8]

２０１６年、銀行はテクノロジー運用からトイルを切り離して、新しいアーキテクチャー

を構築する人員と運用に必要な人員を分離した。これによって、トイルを生じさせるような業務が明らかになった。またこれで、トイルを削減しつつ業務を最適化することが可能になった。

通常、レガシーアプリケーションにはクラウドネイティブなものよりも多くのトイルが存在する。そのため、クラウドネイティブなアプリケーションへの移行は、開発のスピードアップにつながるだけでなく、アプリケーションの自由度を増すことになった。このようにして、全体の「運用」作業が削減された。ＤＦＮＯはシステムから手作業のトイルを排除するのに役立った。

現在は、クラウドネイティブなアプリケーションでトイルが減少したことで、組織全体のスピードと俊敏性が向上し、運用の効率性も高くなっている。コラボレーション、エンドツーエンド思考、顧客中心主義が組織全体に広まることで、トイルを排除し、最終的に顧客経験を改善する変化を起こす機会が生まれている。組織内部的には、正しい変革によって、チームが付加価値作業に注力できるようになり、それによって職員のエンゲージメントが向上し、「デジタルウェーブ」の導入に向けたワクワク感が醸成された。

## 4．アプリケーションエラー

過去のＩＴ業界では、アプリケーションに変更を施すほどエラーが起きやすくなっていた。変更数が少ないほど、安定度が増し、パフォーマンスが向上するという見方である。しかしながら、アジャイル組織では、アプリケーション変更の比率は以前よりも大幅に高くなる。それでもエラー率は低いのだ！　なぜだろうか？

企業がアジャイルアプローチを使って構築される、つまり全てのデプロイの自動化とテストと、その後の多数の変更を1日のうちに実施するといった状況になると、エラーは通常小さく限定されたものになる。また、エラー率とその結果生じる影響度合いも低くなる。エラーが及ぶのはスモールサービスの範囲のみになるからだ。

## 5．アウトソーシングからインソーシングへ

２００９年には、銀行のテクノロジー作業の85％がアウトソースされていた。当時の銀行のＴ＆Ｏ職員は、主に契約書へのサインとベンダーのマネジメントを行っていた。彼らが

行っていたのは、実質的には契約管理ビジネスであり、テクノロジービジネスではなかった。

　その後の数年で、銀行はこの比率を逆転させた。２０１８年には、Ｔ＆Ｏは90%を内部でマネジメントしており、必要スキルの多くが外部でなく内部に存在していた。このテクノロジーＤＮＡによって、銀行は自らのテクノロジーを設計、構築、運用することが可能になった。現在ではチームは約６０００名を擁している。

　次章では、銀行が成功裡に芯までデジタルになることにつながったベストプラクティスを示す。

注8　ヴィヴェック・ラウル、「5章：トイルの排除」、ＳＲＥ（カリフォルニア州セバストポル）、O'ReillyMedia、２０１７年
https://landing.google.com/sre/sre-book/chapters/eliminating-toil/

第7章

# 芯までデジタルになるためのベストプラクティス

組織の「芯までデジタルになる」というトランスフォーメーションをサポートするために、ＤＢＳは様々な施策を実施した。経営陣は、組織が行くべき先とやるべきことを理解しており、すぐにでもそれに取りかかりたかった。その結果として、以下のようなベストプラクティスが生まれた。

## ベストプラクティス１
## ２つを同じ箱に（Two-in-a-box）

「ビジネスはテクノロジーであり、テクノロジーはビジネスである」というのが、ＤＢＳ銀行内に響き渡った攻撃的なスローガンであった。そしてスローガンだけでなく、実際にはそれを強化する組織構造や儀式もあった。Two-in-a-box 組織は銀行の変革をサポートするのに

「Two-in-a-box」という言葉は、テクノロジーとビジネスの部門長が、目的と手段の共有を通じてお互いの仕事を理解し合うというコラボレーションのあり方を示すものだ。

非常にうまくいった施策だ。

「Two-in-a-box」という言葉は、テクノロジーとビジネスの部門長が、目的と手段の共有を通じてお互いの仕事を理解し合うというコラボレーションのあり方を示すものだ。具体的には、それぞれの事業部門長が互いの職責について学び、それによって役割の入れ替わりを可能にするというものだ。ＣＥＯにプレゼンする際にも、テクノロジーとビジネスの部門長はお互いに相手の仕事を代表することが必要とされた。

このコラボレーションを実現するために、部門長たちは正真正銘、同じゴールと手法を共有し、課題を理解することが必要となった。また、お互いのビジネス要件に口先だけの同意を示すのではなく、なされるべきことについての理解の共有も求められた。

　このTwo-in-a-boxのベストプラクティスによって、個々のビジネスで必要となるテクノロジーについてとその逆についての理解の深化が進み、プラットフォームが成功裡に確立された。それは、銀行のオペレーション実施方法の面でも重要な役割を果たし続けている。

## ベストプラクティス2
## リバース・メンター

　事業部門長たちにはテクノロジーや他の部門からリバース・メンター（訳注：若手がベテランを指導する制度）がアサインされた。彼らはリバース・メンターを得ることで、1対1ミーティングを通じて事業領域について学ぶ機会を与えられた。またこの制度によって彼らは、会議の場や、皆が答えを知っていそうな状況下では尋ねるのが難しいような質問をすることも可能になった。

　事業部門長はこの取り組みを活用して、例えばJava、HTMLとPythonの違いを学んだりした。他にも、クラウド・インフラストラクチャーや機械学習について学んだ例もある。

　どのようなトランスフォーメーションでも、心理的に安全だと感じることは重要だ。リ

> 彼らはリバース・メンターを得ることで、1対1ミーティングを通じて事業領域について学ぶ機会を与えられた。

バース・メンタリング施策が創り出したのは、リーダーたちが普段ならあえて尋ねないような、つまりアジアで言えば「面子を失う」とみられそうな質問ができるような安全な環境だった。もう1つのプラスは、リバース・メンターがリーダーたちが行っていることを学んだことだった。

### ベストプラクティス3
## 試行文化の確立

銀行内で顧客が欲しているものについての理解と改善が進み始めると、変革の文化が求められるようになった。その一部を担うのが、これまではなかった試行というものにオープンとなることだ。新商品開発に注力するのではなく、人々が様々な選択肢を試行したことで、顧客にとって最善のソリューションを見出せるようになった。

銀行の変革チームは、全ての人がデジタルトランスフォーメーションの何かに関わることで、組織にイノベーションのメンタリティを築くことに力を注いだ。チームは皆が教育訓練を利用できるようにして、職員たちに中心的なフレームワークを提供して、彼らが自らのジャーニーや実験を推進しやすくした。


さらに、チームはフィンテックのスタートアップ企業コミュニティとのパートナーシップを育み、スタートアップ企業のコミュニティ間にネットワークを広げた。例えばチームは、ハッカソン、アクセラレータープログラム、XChange プログラム等の異なる試行方式を使って、１５０００名を超える職員とコラボレーションした。

### ベストプラクティス４

## スタートアップXChangeプログラム

ビジネスマッチングプログラムは、ＤＢＳ銀行とその法人顧客がスタートアップ企業と結び付き、ビジネス上の問題点を解決するテクノロジーソリューションを共同で生み出した。

ＤＢＳ銀行は、フィンテック企業とのパートナーシップを通じて、強固なフィンテック・エコシステムの開発を目指した。それを促進するのがイノベーションである。エコシステムは、金融サービスを通じて人々の経験を変革するとともに、スタートアップ企業と革新的なアントレプレナーにとって市場をよりアクセスしやすいものとした。

　スタートアップXChangeは、２０１８年にシンガポールと香港で開始され、スタートアップ企業とＤＢＳのプロジェクトパートナー企業の双方を支援して、デザインシンキングや試行を通じて共通の事業目標を実現している。一般的に、アクセラレータープログラムの5分の4は失敗する（ＤＢＳ銀行自らの調査による）が、スタートアップXChangeはこの課題に対応して、プログラムに所属するコラボレーターから継続的な支援が得られるようにしている。

　銀行が２０１５年に5年間で１０００万ドルの投資を打ち出した中の一つとして、このプログラムは人工知能、データサイエンス、没入型メディア、そしてモノのインターネットという4つの重要テクノロジー領域でフィンテック・スタートアップ企業の成長を支援し続けている。

　現在に至るまで、スタートアップXChangeは数百社ものスタートアップ企業を銀行内の部門や銀行の中小企業顧客に紹介して、問題点の解決に取り組んできている。この仕組みは、数々の新しいテクノロジーソリューションが成功裡に展開されることにつながっている。

　銀行とその顧客のビジネスのデジタル化を支援することに加えて、スタートアップXChangeは、スタートアップ企業が銀行向けに開発したソリューションのショーケースにもなりうる。投資家コミュニティから資本を調達する際に、スタートアップ企業は重要顧客としてＤＢＳの名前を挙げることができるのだ。それは大きな優位点である。

スタートアップ XChange プロジェクトの成功例の１つが「impress.ai.」である。同社はシンガポールを拠点とするスタートアップ企業（ＤＢＳの中小企業顧客でもある）で、ＤＢＳの人事チームと協業してＪＩＭを生み出した。東南アジアで初のバーチャル銀行リクルーターである（ＪＩＭについては本書後段で詳述する）。

２０１７年には、銀行は進行中の試行案件数をカウントしようとするのを止めた。そうするのがあまりに煩雑になったからだ。それまで案件数をトラッキングしていたのは、数自体が重要だからではなく、そうすることで他の試行を促進するためだった。プログラムがＤＢＳ銀行の文化に組み込まれると、数を数え続ける必要はなくなったのだ。

### ベストプラクティス5

## 新テクノロジーを旧職員へ

数年前のこと、ピユシュはニューデリーに戻って85歳の父親を訪ねていた。彼が一緒にいる間に、父親はオンラインでバンキングを行い、オンラインで税金を支払い、アマゾンで母親向けのものを購入した。そこでピユシュは考えた。85歳になる自分の父親が個人生活の中

DBSの全年齢層の職員がこの挑戦に立ち上がった。それは、能力とやる気があれば人々は変われることを示すものだ。

でこうしたデジタル転換を行えるのなら、30代、40代、50代、60代の人々が職業生活において変われないなどということがあるだろうか?

ピユシュは気づいた。環境と同様に、ヒトも変化を育むのだと。その気づきを胸に、ピユシュはインドから帰国した。気持ちは、職員に実践を通じて学ばせ、リスクをとることが許される環境を生み出すことへと向かっていた。

多くの企業は、若手に新しいテクノロジーを使わせて、より高齢の職員を使い古したテクノロジーに従事させることに目を向けがちだ。ピユシュは全員に新旧双方のテクノロジーを駆使してもらいたいと思った。彼は高齢職員に、新しいテクノロジーに従事する機会を提供した。ただし基準を満たせばだ。各人が１０００ドルを与えられて参加したい講座を選択してから1年のうちに、90％がその基準を満たした（１０００ドルのうち５００ドルをDBSが、残り５００ドルをシンガポール政府の国のアップスキル支援プログラムが賄っている）。

DBSの全年齢層の職員がこの挑戦に立ち上がった。それは、能力とやる気があれば人々は変われることを示すものだ。

ピユシュはまた平安保険グループの会長で創設者のピーター・マー（馬明哲）との対談からも影響を受けた。マーは、より高齢の職員は羊であって、新しい職員は狼のようなものだと説明した。この言葉はピユシュに深い影響をもたらした。

「手元にいる羊たちを狼へと変えていこう。70歳の人たちがスマートフォンを使っているのに、仕事で人々が変われないというのは、私には考えられない」――ピユシュ（CEO）[注9]

## ベストプラクティス6
## 誰もがデジタルに責任を負っている

新しいテクノロジー導入の必要条件を整備するのに、別のチームを立てるべきだろうか？

T＆Oのリーダーシップチームはこの問いに対して明確な答えを持っていた。「否」である。リーダーたちがイメージしていたのは、銀行全体のあらゆる人が事業責任とトランスフォーメーションの一部に自分が属しているという感覚を持つことだった。デジタルトランスフォーメーションは自分たちが責任を負うべきものであり、テクノロジーチームだけの責任に帰するものではないと、職員たちに考えてもらいたかったのだ。

### ベストプラクティス7

## 雇用向けハッカソンプログラム(Hack to Hire Program)

ＤＢＳ銀行にとって「Hack to Hire」（雇用向けハッカソンプログラム）は、開発担当者、データサイエンティスト、スクラム（Scrum）マスター、システムエンジニアや他のタレントに関して適正な人々を見出して採用するためのクリエイティブな方法となった。従来型のインタビューを実施する代わりに、銀行は「Hack to Hire」プログラムを新設して、ベスト・オブ・ベストの人々を見つけ出して雇用した。

この取り組みでは、ウェブサイトにおけるいくつかのコーディングや技術的な変更が発信される。これに回答したうちでトップ２００の成績を示した人々は、週末にＤＢＳに招かれて、そこでハッキングを披露したり、他の課題に取り組むことになる。焦点となるのは、彼らが何をハッキングして持ってきたかではなく、正しいスキルセットを有するかどうか、そしてアジャイル環境下でチームとしてどのように機能したかだ。ベスト・オブ・ベストの人に対しては、2日間を終えて建物を出て行く前に、賞としてＤＢＳでの職がオファーされる。「こちらからまた連絡差し上げます」と言う必要はもうないわけだ。

ＤＢＳが初めてインドでこの「Hack to Hire」プログラムを実施した際には、１２０００名の申し込みがあった。それから年月が過ぎて、銀行はこのプログラムから10万名を超える応募者を受け付け、その中から数百名を採用した。現在の「Hack to Hire」プログラムを運営しているのは、最初の採用者たちである。

現在ＤＢＳは６６００名を超えるソフトウェア技術者を内部に雇用しているという事実をみると、目が覚める思いになる。つまり、バンカーの数よりもエンジニアの方が多いのだ！今や銀行は芯までデジタルとなった。

### 考えるべき質問

1. デジタル化は事業のどの部分に付加価値をもたらすか？
2. ゼロから事業を立ち上げるとすれば、何を変えるか？
3. デジタル化の目的は何か？

4. デジタル化の取り組みをどのような指標で追跡するか？
5. テクノロジーは自社のビジネスモデルを再設計するためにどのような機会をもたらすか？
6. アーキテクチャーのテクノロジーについてどのような計画があるか？
7. 自社のテクノロジーアーキテクチャーの変革にどれだけ投資するか？
8. 顧客の大部分が使っているテクノロジーは何か？
9. 顧客経験を向上させうるテクノロジーは何か？
10. 自社の効率性と管理コストを最も改善するテクノロジーは何か？
11. クラウドコンピューティング活用の機会として何があるか？
12. どうすれば自社のテクノロジーのリズムを加速できるか？
13. どうすればDevOpsを活用できるか？
14. どうすればアジャイルを採用できるか？
15. どうすればスケーラビリティを変更できるようになるか？
16. どうすればNo-Ops（煩雑さを排除した運用）をデザインできるか？
17. どうすればAI-Ops（ＡＩを活用した運用）をデザインできるか？
18. 機械学習を活用できる領域はどこか？
19. どうすればプロジェクトからプラットフォームへの移行が可能か？

20. ＡＰＩを構築する必要がある領域はどこか？
21. どうすればプロセス中のトイル（骨折り作業）を排除できるか？
22. どうすれば組織をペーパーレス化できるか？
23. 高パフォーマンスチームを生み出すために職員が必要とする訓練は何か？

注9　「ユーロマネー：グプタがＤＢＳを未来の銀行に変貌させた方法」、DBS.com、２０２１年４月19日参照
https://www.dbs.com/about-us/who-weare/awards-accolades/a-world-first/euromoney-awards-for-excellence

第8章

# デジタルウェーブの第2戦略原則 カスタマージャーニーの中に自らを組み込む

## 顧客は朝起きてバンキングをしたいとは思わない

ＤＢＳは自らをカスタマージャーニーの中に組み込むことに注力した。そのゴールはもはや商品やサービスではなく、徹底的に顧客のことを考えることだ。テクノロジーを活用して組織全体を通じてカスタマージャーニー思考を身につけることで、バンキングを目に見えなくすることである。このアプローチで、全ての職員が徹底的な顧客中心主義に向けて邁進することになった。

顧客は朝起きてバンキングをしたいとは思わない、というのがＤＢＳの見解だった。朝、目が覚めたら、自動車や家が買いたい、投資をしたいと思うものだ。バンキングはそれを現実にするための手段を提供するのであり、一方でテクノロジーは、銀行がカスタマージャーニーの数多くの手順を目に見えなくする手段を提供する。

## この変革によって顧客はバンキングがより楽しくなるだろうか？

ＤＢＳの経営陣は「この変革によって顧客はバンキングがより楽しくなるだろうか？」と問い続けることによって、顧客中心主義をさらに強めていった。この中核的な問いかけが出発点となり、彼らが考える「顧客」の視点に基づいたデザインシンキングとソリューションを導入した。

デザインシンキングはＤＢＳの用語では「４Ｄ」と呼ばれており、職員がやるべきことを理解するためのガイドとなっている。銀行は、「なされるべきこと」を改善するソリューションを設計した。「デジタルウェーブ」でなされるべきこと「全体」は、「バンキングを楽しくする」ことであり、それには、日々の業務に立ち返ってカスタマージャーニーを明確にし、それを継続的に改善することが含まれていた。

代表的な例の１つが、住宅ローンの拡販に注力しなくなったことだ。その代わりに同行は、顧客のために「なされるべきこと」に基づいて、顧客の夢の実現を支援することに焦点を当てた。住宅ローンに関するカスタマージャーニーアプローチの実行は、顧客コミュニケーションから始まるが、それはローン実行の6カ月も前の時点だ。銀行のゴールは、住宅購入経験全体の一部分となることである。銀行の担当者はぴったりの家を探し、選択肢を比較検討するのを手伝い、顧客が最良の住宅ローンを見つけるプロセスを支援する。

同行は現在もカスタマージャーニーを拡張し続けており、そのためにエコシステム戦略の一部としてAPIを開発するとともに、エコシステムパートナーとの協業を続けている。

後続の章では、顧客中心主義になることによって、同行が自らをカスタマージャーニーの中に組み込んだ方法について説明しよう。

# 第9章 顧客を全ての中心に据える

企業の中には、顧客の問題を解決するためにチームを組成し、求められることをブレインストーミングで案出し、顧客が求めているものの仮説に基づいたソリューションを創出するというアプローチをとるところがある。そこでは、チームが顧客にとって何がベストかを決定する。

ＤＢＳは顧客中心主義を強化するにあたって、イノベーションとデジタライゼーションを真に顧客主導型にするための方法を検討した。そのためにはイノベーションとデザイン最適化（design topology/topology design）アプローチが必要であったため、同行は英国デザインカウンシルの４Ｄアプローチを採用した。[注10]

## デザインシンキング／4Dアプローチ

4Dのフレームワークは、カスタマージャーニーを実施する際に銀行を通じて使われる方法論となった。「4D」とは次のことを意味している。

・Discover（発見）：顧客から得られる知見やひらめきを収集、合成する
・Define（定義）：機会とコンセプトを洗練する
・Develop（開発）：不確実性の高い想定をテストし、導入に向けた調整と計画策定を行う
・Deliver（実行）：コンセプトを実装する

ジャーニーの最初のステップであるDiscover（発見）は最も時間を要し、全体プロセスの50％にもなる。多くの人々はすぐにDeliver（実行）に飛びつきたがるが、結局はここに立ち戻らざるを得なくなる。

## 社内中心ではなく、顧客中心になる

4Dsを実行することで、個々の職員は顧客の立場にどっぷり浸かり、他の部門やカスタ

コラボレーションが生まれて、従来型の組織のサイロを壊して、職員が社内志向ではなく顧客志向となることが可能となった。

マージャーニー中に登場するステークホルダーとの連携を深めることになる。その結果コラボレーションが生まれて、従来型の組織のサイロを壊して、職員が社内志向ではなく顧客志向となることが可能となった。

## クロスセルからクロスバイへ

利用可能なデータの増加を受けて、銀行ではオンラインでのコンテキストマーケティング（訳注：消費者・顧客の心理や置かれている状況を理解して、それに適したタイミングや方法で商品・サービスを提供するマーケティング手法）を開始した。ユーザーの行動と情報に基づいたターゲット広告が採用された。

コンテキストマーケティングへの転換

コンテキストマーケティングへの転換は、組織のマインドセットを「クロスセル」から「クロスバイ」へと変化させることにつながった。

は、組織のマインドセットを「クロスセル」から「クロスバイ」へと変化させることにつながった。クロスセルとは、顧客が銀行からある商品を購入した場合に、別の商品の購入を勧められることだ。例えば、銀行口座を開設すると、クレジットカードのご利用はいかがでしょうかと尋ねられる。

マインドセットの転換はGANDALFの学びに由来する。顧客に対して1つの商品を押し付けるのではなく、複数の選択肢を提示するというものだ。この仕組みは、インターネットで書籍を購入すると、5つの他の書籍が推奨されるのに類似している。コンテキストマーケティングの結果、特定の顧客に対して特定タイミングで何が訴求するかが明らかになった。

クロスバイイングの顧客データの分析から銀行が学んだのは、顧客がそうした商品・サービスの提示に魅力を感じるほど、銀行との取引が増加するということだ。

### プレゼンテーション資料よりもプロトタイプ作成

デザインシンキング導入の重要な利点は、顧客に向けたソリューションのプロトタイプを創出できるスピードが向上したことだ。職員からみると、プレゼンテーションスライド資料を作成して、経営陣にソリューションを提案し、承認とリソース割り当てを願い出る必要がある代わりに、顧客の承認を得るためにプロトタイプを構築する権限が部門に与えられた。

## 実際のデザインシンキング活動

グローバル・トランザクション・サービス（GTS）部門が力説したのは、顧客のために重要な「なされるべきこと」の1つは、様々な銀行と企業のソリューションをノーコストでシミュレーションして、顧客企業のCFOと財務部長を支援することだった。そうすることで企業は、価値を最大化できる可能性のある機会を見出せるようになる。当時のこのプロセスは多くの問題点を抱えていたため、4Dのフレームワークを活用してカスタマージャーニーを実施するための機は熟していた。

「グローバルなキャッシュマネジメントを改革する企業があるとすれば、それはアジアの銀行であるＤＢＳだ」――『ユーロマネー』誌[注11]

以下に示すのは、ＤＢＳの行内でどのように４Ｄが使われているかの例だ。

## ＤＢＳトレジャリー・プリズム

企業のＣＦＯと財務部長は一般に、数々の国にわたって存在する複数の口座を管理する必要があり、その中には様々な通貨と取引フローが存在していた。この業務プロセスには異なる銀行とのリレーションシップも含まれていた。それは、企業の財務およびキャッシュマネジメントソリューションを最適化するためだ。

ＣＦＯや企業の財務部長は、事業を展開している異なる市場における規制の変更にも適時対応していくという課題があった。これら全体のプロセスには複数の関係者が関わっていて、労力と時間を要するものであった。

２０１７年、ＤＢＳは「トレジャリー・プリズム（Treasury Prism）」というサービスを開始した。オンラインでの財務・キャッシュマネジメントのシミュレーションツールとして世界で最初のものの１つだ。これによって顧客は次のようなことが可能になった。

・キャッシュマネジメントのスキームを無償で簡単にモデル化する
・実現可能なソリューション全体から事業目的に合致する最適なものを抽出する
・選ばれたスキームのコスト／便益を分析し、ビジネスケース作成を支援する

様々な部署から集められた20人のチームが、コラボレーションのためのプラットフォームの開発にとりかかった。チームは、利回り、コスト、リスク管理に基づいて最適結果を計算するアルゴリズムを使用した。アルゴリズムはまた、様々な選択肢を生成することが可能で、第１の選択肢が機能しない場合には第２のアプローチが発動された。

ＤＢＳトレジャリー・プリズムは、世界的／地域的なイノベーションの賞を５つ受賞し、顧客として企業財務部門ユーザーの中核的なコミュニティを獲得した。このことは、３０００件を超えるキャッシュマネジメント最適化のスキームとソリューションが世に出ることにつながったが、その多くはＤＢＳによるものである。

この種のプロジェクトは、異なる機能部門や人々を巻き込むことになって、完成に何年も要するのが通常のことだ。しかし、ＤＢＳのチームは数カ月で新しいソリューションを構築したいと考えていた。

この野心的で積極的なゴールが達成されたのは、銀行の文化、テクノロジーアーキテクチャー、そして中核的な業務プロセスが変革されつつあったからだ。例えば、開発チームはアジャイルアプローチを採用しており、幹部は進捗状況報告のために本部に出張して時間を費やす代わりに、ビジネスとテクノロジーが同居している場所に出張するか、オフィスからビデオ会議を実施した。経営陣はプレゼンテーション資料ではなく、期間を短縮するために、開発中のソリューションについて簡単な状況報告を受け取った。

クラウドベースのアーキテクチャーの導入によって、俊敏さを実現し、ノーコストでビジネスを組み立てられるようになったことで、チームはカエル跳びで競合を追い越した。当時は、銀行のレガシーシステムが錨となってしまっており、プロセスの速度を劇的に遅くし、デジタル中心型ビジネスに転換するためのコストを増加させ、顧客へのサービス提供をより遅く、より高価なものにしていた。

グループ戦略とＧＴＳのニーズは完全に方向性が一致していた。解決策はビジネスを俊敏に行えるようになることであり、それは急速に銀行全体に浸透しつつあった。関わるものは皆、ミニマム・バイアブル・プロダクト（ＭＶＰ：ユーザーに最小限の価値を提供できるプロダクト）の開発に取り組み、何年もかけてでなく、数カ月での市場投入を目指した。

## Discover（発見）――知見やひらめきの収集、合成

ＤＢＳは機能横断的なチームを組成し、参加するチームメンバーは皆、改善が必要な領域に関係があった。チームの規模に関するガイドラインは「ピザ２枚」ルールだった。つまり、ピザ２枚を分けて食べられるに十分な人数ということだ！　チームの人数がもっと増えると、アジャイル方法論は問題を抱えがちになった。

ＤＢＳでは、「発見」のステップで出発点となるのは、顧客視点から見て「なされるべきこと」を思い描くことであった。これがジャーニー・ステートメントとなるもので、そのタスクや業務が顧客と銀行の双方に付加する価値を表現していた。

ジャーニー・ステートメントは、「発見」のプロセスを通じてチームが行うことを明確にして導くものだ。ジャーニー・ステートメントの例は次のようなものだ。「私たちは、財務や金融のプロが、直観的で、双方向性があり、本質的で、信頼できる方法でキャッシュマネジメントを最適化できるようにして、最終的に顧客の支持と取引を増進する」

ステートメントが設定されると、チームは「誰が関係していて、誰がキャッシュマネジメント最適化の恩恵を受けるか」を問うことで、顧客のステークホルダー関係のマッピングを行う。主要なペルソナとステークホルダーはマップ上に文字通り描き出される。それは、あ

らゆる関係者と、彼らがどのように関係しているかを示すものだ。

ステークホルダー・マップは関係者の主たる役割と相互関係を示しており、それによって調査計画の立案が可能になる。調査計画には、インタビュー対象とすべき人と、行われるインタビューの数が含まれる。その上でディスカッション・ガイド案が作成され、全体の整合性を保つために個々のステークホルダーに尋ねるべき質問を明確にするとともに、ジャーニー・ステートメントに対応できるようにした。

質問項目は以下の３つの要素の組合せとなっている。

・機能的に「行われるべき業務」で、役割と責任、およびＫＰＩを含むもの
・社会的に「行われるべき業務」で、ステークホルダー相互間の活動と、それらがどのように見えてほしいかを含むもの
・情緒的に「行われるべき業務」で、機能的な業務を実行する際にステークホルダーがどのように感じるかを含むもの

ここまできて初めて、チームは顧客インタビューに取りかかる。

キャッシュマネジメント最適化のために、６人のメンバーからなるパートタイムの部門横断チームは、70名以上の企業財務部長、税務マネジャー、ＣＦＯと5週間にわたって面談を

行った。そこで得られたフィードバックは一言一句そのまま（改変されることなく）記録された。それは、情緒面から「行われるべき業務」について、チームの残りのメンバーに、対象とする顧客の言葉をそのまま聞いてもらうためだ。このことが、問題点に直接対応するソリューションを定義し開発するのに役立った。

例えば、キャッシュマネジメントについて、チームはある顧客が抱える問題点を見出した。それは、キャッシュマネジメントの提案依頼（RFP: Request for Proposal）に盛り込まれた変革の投資効果を検討するために、財務部長が余分に時間を使っていることである。これを受けて、ＲＦＰ業務プロセスを自動化して、ＲＦＰの検討期間中でも毎日早く家に帰れるという情緒面から「行われるべき業務」に対応することが目的となった。ソリューションは顧客の具体的な問題点に直接アピールするものでなければならないということだ。

ある顧客は、キャッシュマネジメントを最適化するために異なる７つの銀行を訪問する必要があると述べた。彼が受け取った７つの回答は全て異なっていたが、どの銀行を信頼してよいのか分からなかった。便益の算出方法が透明な銀行は１つもなかった。そして、多くは便益を計算さえしていなかったのだ！

顧客インタビューを終了させた後、チームはフィードバックを組み合わせて、それを生データに組み込み、手掛かりを見出してポストイットに書き出した上で、類似性の高いものをグループ化した。手掛かりは５～10の知見に集約され、それは調査から得られた重要な発見をまとめたものになった。これらの知見は4D方法論の重要な部分となり、そこからソリューションを創出する核となった。

キャッシュマネジメントの例では、いくつもの知見が浮かび上がった。想定したものもあれば、そうでないものもあった。想定したものの1つは、財務部長は最新の規制や税法の変更を把握するための時間がほとんどあるいは全くないというものだった。それらがキャッシュマネジメント業務に与える影響についても言うまでもない。想定外の知見としては、財務部長たちがキャッシュマネジメント最適化から得られる便益の定量化が難しいと考えていることだった。彼らは、変化を起こすケースを見出すことはもっと難しいとさえ考えていた。「発見」プロセスでは、知見の生成が最も重要な段階となる。4D方法論では、このフェーズでは「発見」「定義」「開発」のステージの中で少なくとも50%を充てるべきとされる。キャッシュマネジメントチームの場合は、「発見」段階に6週間を費やした。チームはパートタイムでプロジェクトに携わっていた。

## Define（定義）——機会とコンセプトの洗練

知見という武器を得て、チームは財務や金融のプロたちがキャッシュマネジメントを最適化するのに役立つデジタルアプローチについてブレインストーミングを行った。チームメンバーは、既存の概念のいくつかを捨て去って、制約のない可能で最善なソリューションを考え、それに基づいて最良のアイデアが出てくるようにすることが必要だと認識した。ステートメント・スターター、コンセプト・ポスター、ライトニング・クリティクス、とアイデアのクラウドソーシングといったツールを駆使して、チームは「どうすればものごとをより簡単でより良くできるだろうか？」と問うた。

チームメンバーはそこから、オンラインでのシミュレーションとしてのソリューションとソリューショニングのツールの定義を始めた。このツールは、財務部長がキャッシュマネジメントのソリューションと商品をうまく組み合わせて使うことを可能にするものだ。彼らはそれによって、規制や税制環境の影響に対して複数のソリューションの便益比較を動的に行うことが可能になった。チームはパートタイムで活動しながら、２週間でこの「定義」ステージをこなした。

チームは、最良のアイデア、プロセス、ワークフロー、ソリューションの洗練を続けた。そしてこの段階の一部として、コンセプトの技術的な実現可能性と実行可能性について評価を行った。この２つの項目をクリアすれば、タスクは「定義」から「開発」へと移行する。例えば、想定リターンを実現するためのコストがあまりに高すぎる場合は、技術的に実現可能だが実行可能でないと判断されることもある。

## Develop（開発）――不確実性の高いテストの実施と、導入に向けた調整

このステージでは、チームはどのソリューションが望ましいかの評価に注力した。ツールのプロトタイプ第1号が開発され、事前に設定した仮説に対して顧客を伴って初めてテストが実施される。テストは、物理的なモックアップから低解像度のプロトタイプまでの様々な方法で行われた。カギは、迅速にツールを構築し、アイデアを共有し、フィードバックを文書化することだった。同時に重要だったのは、コンセプトに関する最も重大で不確実な仮説をテストすることだった。

この事例では、チームはワイヤーフレームのプロトタイプを作成した。財務部長は金融データを入力できて、利回り、コスト、リスクに基づいて最適なキャッシュマネジメントのスキームをシステムが自動計算する。プロトタイプはまた、最適度はより低いが、財務部長の選好に沿って選択されるスキームのバリエーションも計算することができた。このソリューションは、異なるスキームが持つ便益の定量化が難しいという初期の知見に直接対応するものとなった。

またプロトタイプでは、ツールが個々の国での規制と税制環境に照らしてソリューションを確認する方法も示された。ツールは何が可能で何が不可能かをアドバイスし、それは別の重要な知見に直接応えるものとなった。もしそのスキームが認められはしても規制上の承認が必要であれば、ツールはそれに対して何が行われるべきかをアドバイスする。

このソリューションは、25の顧客と6週間にわたってテストされた。チームは顧客と共に座ってプロトタイプをテストしながら、彼らの行動や反応を注視していた。またツールはジャーニー・ステートメントに対してもテストされ、直観的で双方向性があり、本質を突いているかが確認された。

顧客をテストするにあたって、チームは彼らの反応や情緒面の動きの双方を捕捉して、彼らがどれを好んでどれを好まないかを明確に理解することができた。チームメンバーはプロトタイプを再設計して、そうした反応や情緒面の動きに対応したものにした。

「開発」のステージでは、チームは異なる仮説をテストして、それらからの学習を続けた。しかし時には、チームは信じて賭けに出ざるを得ないこともあった。というのは、必要な情報が全て入手できたわけではなかったからだ。最終プロトタイプはテクノロジーを使ってレビューされ、ツールが実用に供せられることを確認した。ツールの望ましさが確認されると、チームはその実行可能性と投資レベルを評価した。

## Deliver（実行）——コンセプトの実装

「実行」ステージではソリューションが構築される。

「実行」ステージでは次第にアジャイル方式を採用してＭＶＰを創り出すようになってきている。このステージでは、部門横断的な自律型のチームが組成され、同じ場所に配置されるのが通常だ。チームには、「発見」「定義」「実行」のステージに参画した主要メンバーが含まれる。プログラマーが事業部門の人々の傍に座り、進捗確認や検討は立ちミーティングで行われる。ＭＶＰ開発期間中は2週間ごとにスプリントの進捗確認が行われ、顧客フィードバックのレビューが常に重視される。

「実行」ステージ全体にわたって注力するのは、仕事の予定の維持と優先順位付け、常に価値を証明すること、徐々にソリューションのデリバリーを行っていくこと、そしてチームのコラボレーションと権限付与である。ＭＶＰは誰にでも公開されており、顧客も含まれていて、それをテストしてフィードバックを提供する。

キャッシュマネジメントの事例では、何が最終的な成果物となっただろうか？　ＤＢＳトレジャリー・プリズムである（世界初のオンライン財務・キャッシュマネジメント・シミュレーション・プラットフォームは、www.treasuryprism.dbs.com で閲覧可能である）。

２０１６年と２０１８年に『ユーロマネー』誌でベスト・デジタルバンクとなったことで、大企業の財務部門が、ＤＢＳに魅力を感じるようになった。彼らの取引銀行は、企業の需要を十分に満たしていないか、ＤＢＳがすでに動いていた速度で進んでいなかったのだ。

注10　「イノベーションのフレームワークとは？　デザインカウンシルが開発したダブルダイヤモンド」、Design Council.org、２０２１年４月13日参照
https://www.designcouncil.org.uk/news-opinion/what-frameworkinnovation-design-councils-evolved-double-diamond

注11　クライブ・ホーウッド、「キャッシュマネジメントという難問」、Euromoney.com、２０１８年10月
https://www.dbs.com.sg/iwov-resources/forms/euromoney/en/advisory/euromoney-cash-management-conundrum-2018.pdf

# 第10章 カスタマージャーニーの事例

本章では、外部顧客と内部顧客の双方の事例を紹介して、どのようにしてＤＢＳが組織全体として顧客中心主義となったかを見ていく。

最初の事例は初期段階の重要な事例で、「デジタルウェーブ」で実現できたことが何かを示すものだ。それはインドで、全く物理的なかたちのない新たな銀行の創出を行ったケースだ。デジバンク（Digibank）である。

## 外部顧客の事例

外部顧客の事例1

## デジバンク・インディア／Digibank India

2015年に設立されたインドのデジバンクは、デジタルで何ができるかについての銀行職員のマインドセットを変革する後押しとなった。それが文化の変革を生み出し、銀行が顧客のためにデジタル化を活用できる方法があるという信念がつくられた。どんなトランスフォーメーションであれ成功に必要なのは、早期に成功を生み出して、組織の中にけん引力と勢いをつくり出すことだ。

デジバンクは銀行が何を成し得るかを実際に示した。職員のマインドセットを変え、デジタル化の成功物語を生み出し、銀行の組織能力を拡張した。具体的には、どうすれば物理的なプレゼンスなしに銀行が多数の顧客を獲得可能かという取り組みである。デジバンクは初年度に200万人の顧客を獲得した。

### デジバンクの始まり

2013年のこと、DBS銀行の経営幹部は、外部依存型でなく内部成長型の戦略を検討し始めた。このことで、まだ支店展開のない国に新たなプレゼンスを築こうという議論が活発になった。

同じころ、ＤＢＳ銀行の顧客調査では、顧客は自分たちの生活、家族、興味、そして人生を中心に考えていることが明らかになっていた。顧客にとって、バンキングは目的に至る手段であったが、それでもおカネは生活の中心にあった。このことが契機となって、現行戦略の最初の変更が行われた。インタビューから得られた以下の4単語が、顧客が求めるものを包含している。「Live more, Bank less」（生活をもっと楽しく、バンキングはもっと少なく）というものだ。このフレーズは戦略として始まったが、のちにＤＢＳ銀行のマーケティングメッセージへと進化した。

「デジタルウェーブ」導入の一部として２０１５年に作られたデジタルチームは、ＤＢＳ銀行で初めてとなるハッカソンを開始した。顧客発のアイデアを使って、選抜された職員たちが集中度の高い環境下で、様々なツールやリソースのサポートを得ながら、外部の開発者たちと共に取り組んだ。第1回のハッカソンで優勝したアイデアは、アプリをダウンロードしてインストールするのと同等の速さで口座を開設するものだった。このアイデアはすぐに、インドにおけるデジタルバンキングというコンセプトの発端へと進化した。それがデジバンクとなったのだ。

### 新しいテクノロジー、新しいアプローチ、新しいマインドセット

新しいデジタルアプローチをサポートするテクノロジーの開発にあたって、チームはテス

トと学習によって実験を進めた。「デジタルウェーブ」の開始以前のＤＢＳ銀行での実験は、制限され管理されたものだった。新しい戦略は、多くの選択肢をテストしてリスクを取るよう人々を勇気づけ、報いるものだった。

新しい実験文化を受けたデジバンクは、ＤＢＳがかつて規模拡大を実現したことがなかった国における、モバイルバンクという過去に全く試みられたことのなかった方式での参入となった。

３つの戦略原則、すなわち「①組織の芯からの変革」「②顧客中心」「③意図的な文化変革」は、デジバンクのエトス（基本精神）となった。その目的は、デジタルチームをスタートアップ企業のようにターボ加速させることだった。もしチームメンバーが通常業務も並行して行わなければならなかったら、これは困難だっただろう。そのためＤＢＳ銀行は別のチームを新たに設置して、俊敏で高速に動けるようにした。

デジバンクを顧客視点から構築することには、以下のような要素が含まれる。

・顧客はスマートフォン上で90秒で口座開設ができること
・物理的な支店を訪れることなく、銀行口座が完全に開設できること
・顧客がこのバンキング方法とブランドを「クールだ」と考えること

チームはその実現に向けて、アジャイルアプローチを採用した。短期間のうちに様々なMVP（ミニマム・バイアブル・プロダクト：最小限の機能を備えたプロダクト）が開発されテストされた。顧客のフィードバックへの対応スピードは、彼らが離反しないだけの速さが求められた。このためチームは、週次でリリースを提供し、顧客フィードバックに日々対応するサイクルをつくり出した。

それ以外に初期に下された重要な意思決定は、プロセスを走らせるのは職員ではなく、テクノロジーであるということだ。このことから、通常よりも90％少ない職員数で機能する銀行をデザインするというゴールが生まれた。コールセンターはあるが、支店はなしだ。また、インドの消費者は小切手を多く使う傾向があったが、チームは小切手に対応しないことを決定した。小切手はフィジカルであって、デジタルではないからだ。

チームは全くの白紙状態から、求めるものや成功のために必要なことに向けて作業を進めた。これによって境界が取り払われ、とがった革新的な思考が可能になった。そのことが、予想外の課題の克服に役立つことになった。

## デジタルKYC

デジタルバンクを生み出すために、チームは数多くの課題を乗り越えなければならなかった。例えば、新しいテクノロジーの採用、法的イシューの克服、顧客への働きかけなどである。

インドの規制では、顧客が銀行口座を開設するためには物理的に身分証明書を提示しなければならないとされていた。デジバンクは物理的な存在や支店を持たないため、これは初期デザインにおいて重大なハードルだった。新規顧客が物理的に身分証明書を提示できる方法はあるだろうか？

デジタルチームは、問題解決方法についてのブレインストーミングを行った。解決方法を見つけたのは、法務グループのメンバーたちだった。彼らが提案したのは、カフェコーヒーデー（インドのカフェのチェーン）とのコラボレーションによる生体認証ソリューションだった。このことで際立ったのが、デジタライゼーションとその戦略目的を組織全体が理解していることの重要性である。

ＤＢＳはカフェコーヒーデーと提携して、親指指紋リーダーを国中にあるカフェコーヒーデーの支店内に６００カ所以上設置した。親指指紋リーダーは1台50ドルであり、支店網を構築するよりもはるかに低コストなのだ！　こうして、デジバンクの顧客はカフェコーヒーデーの店に行ってカプチーノを注文し、目標である90秒以内に口座を開設することが可能になった。

ほぼ全てのインド人が「アーダール」カード（個人識別番号）を保有しており、それで生体認証が可能であることをチームが知ってからは、カフェコーヒーデーのソリューション展開にはさらに拍車がかかった。政府はＩＤカードの利用をオープン化して、親指指紋による個人識別を日常的に使えるようにしていた。ＡＰＩを通じて接続すれば、政府が個人のアイデンティティを認証可能であり、それこそまさに銀行がＫＹＣで求めていたものだった。個人識別の要件に適合するために銀行が必要だったのは、親指指紋を取り込むことだけというわけだ。

２０１５年にＤＢＳがインドでデジバンクを創設して直面したのは、「潰してしまえ」という地元の銀行からのネガティブな反応だった。しかし、テクノロジーが生み出した使い勝手の良さは顧客を魅了して、地元での競争には勝利がもたらされた。

## 住所確認問題

もう1つの初期の課題は、規制では、銀行が新規顧客と接触できるよう、顧客の住所を確認する必要があるとされていたことだった。しかし、「デジタルウェーブ」で実現を目指すものについての理解が一貫していたことで、全ての部門を通じて確実に協力が得られるようになっていた。そこでコンプライアンス部門は、新たな障害を作り出すのではなく、デジタルチームと協働して解決法の発見に取り組んだ。

コンプライアンスチームは、新規顧客が口座を開設するとクレジットカードかデビットカードを受け取らなければならないという点に着目して、この課題を解決した。カードを利コンプライアンスチームは、新規顧客が口座を開設するとクレジットカードかデビットカードを受け取らなければならないという点に着目して、この課題を解決した。

用可能にするためにはアプリに3ケタのカード認証番号の入力が求められており、それで住所が正当なものかが確認される。顧客が別の場所に住んでいて親の住所を使っていたとしても、カードが受領されてアプリへのコード入力が行われたということは、銀行が顧客と接触可能であるという要件を満たしたことになるわけだ。

## 正しい顧客へのターゲティング

デジバンクの立ち上げ当初、銀行はできるだけ多くの顧客をなるべく早く獲得して、インド国内初のフィジカルなしというアプローチに勢いをつけようとしていた。しかし、参加顧客が増えるにつれて、DBS銀行は、一部の顧客特性が理想的なものでないことに気づいた。このことが顧客ターゲティングの改善への注力につながった。そしてそれは、顧客獲得と残高の向上という結果を生んだ。

デジバンクは全部で２３０万人を超える顧客と、65万の貯蓄口座を惹きつけた。そして従来の物理的なアプローチで必要な人員数の５分の１で運営されている。インドでのこの成功はほどなくして、デジバンク・インドネシアの立ち上げへとつながった。

２０２０年、ＤＢＳはインドのラクシュミ・ヴィラス銀行を合併した。それによって、重要な新興市場の１つで同行の成長軌道が加速することになった。

### 外部顧客の事例2

## デジバンク・インドネシア／Digibank Indonesia

２０１６年、ＤＢＳ銀行はインドネシアという人口世界4位の国で、インドのデジバンクの成功事例の再現に取り組み始めた。ここではいくつかの新しい課題が出てきた。その１つは、インドネシアの規制では、銀行は職員を雇用しなければならないというものだ。

Ｔ＆Ｏチームのメンバーは、デジバンクの拡大をサポートできる方法と、インドでの立ち上げから学べる教訓について分析した。彼らは、インドネシアではあらゆるものがバイクで配達されることに着目した。

そこで、コーヒーバリスタたちをパートナーとする（インドでやったように）代わりに、「ゴジェック（Gojek）」（インドネシアの配送サービスをベースとするスーパーアプリ）のドライバーを銀行テラーとして雇用した。バイクで銀行口座が配達されるというのは不思議な感じかもしれないが、インドネシアでは、バイクで何でも配達されるというのが通常だ。それなら銀行口座もダメではないだろう、ということだ。ゴジェックのドライバーは認証デバイスを配布され、銀行の本人確認（ＫＹＣ）用職員となった。

インドでの導入からの教訓を採用しつつ過去の失敗を回避して、銀行が最初に作ったＭＶＰ（ミニマム・バイアブル・プロダクト）は、その時点ですでにインドでのものより改善されていた。学習曲線は短期化されたのだ。

1つの重要な教訓は、インドでの最初の導入の時は、ＤＢＳ銀行は顧客に幅広く投網をかけたことだった。英語が話せてスマートフォンを使う人は誰でも見込み客であり、銀行はその全ての獲得を望んだ。しかしながら彼らがすぐに気づいたのは、実際に惹きつけていたのは18〜25歳だということだった。こうした若年成人は要件に合っていたが、資金や銀行からのローンの供与余地がなかった。一方、こうした若年成人は銀行の無償オファーを活用していた。そこでＤＢＳは、インドネシアのデジバンク開設にあたっては戦略を変更して、「網ですくう」方式からよりターゲットを絞った顧客抽出方式とした。

もう1つのインド独自の特徴は、一般的には高金利が顧客を惹きつけて銀行口座の開設につながることだった。しかし、インドネシアではそうではなかった。顧客行動の最大の推進力はプレゼントだったのだ。このことが際立たせたのは、個々の市場における消費者のマーケティング行動の違いを学習することの重要性だった。

インドのデジバンクでの学習を適用したことで、DBSはデジバンク・インドネシアの立ち上げを、24カ月でなく12カ月で成功させた。またインドネシアの立ち上げは、インドのモデルの継続的改善にも役立った。

## 外部顧客の事例3
## ウェルスマネジメントアプリ／iWealth

銀行がより顧客中心となり、テクノロジーDNAが変化するにつれて、商品の販売方法にも大きな変化が生じた。ウェルスマネジメントでは、リレーションシップ・マネジャー（RM）が「オープン」な販売の権限を与えられていた。これはつまり、DBSの商品だけを売るのではなく、個別の顧客に合ったものを推奨していたということだ。

新しいテクノロジーは、正しい顧客に正しい商品を販売する力を強めてくれた。例えば、RMが低リスク志向の顧客にハイリスク商品を売ろうとすると、システムはそれを許さないのだ。

ウェルスマネジメントのチームはまた、テクノロジーを活用して従来と異なる顧客対応方法も明らかにしたかった。そこで、ウェルスマネジメントアプリの改善に取り組んで、２０１７年にiWealthアプリを世に出した。

iWealthアプリはデジタルのウェルスマネジメント・プラットフォームで、顧客は自らの資産を管理して成長させることが可能だ。導入当初、チームはユーザーがログアウトする都度フィードバックを求めた。その回答率は高いものだった。というのは、顧客は自分たちが頻繁に使うアプリの改善を手伝うことに強い利害関係を持っていたからだ。

ウェルスマネジメントチームは、あらゆる顧客フィードバックを分析した。例えば顧客は、iWealthアプリを使っている時に、リテールのアプリを使うためにログアウトしなければならないのを好まなかった。そのフィードバックに耳を傾けて対応した結果、iWealthは、別のアプリに切り替える必要なくリテール取引が行えるように改変された。

ウェルスマネジメントは、トレジャリー＆マーケット（Ｔ＆Ｍ：市場金融部門）のデジタルプラットフォームである「デジマーケット（Digi Markets）」の大手ユーザーだった。デジマーケットでは、銀行がディールの値付けと記帳を行うことができる。また、エクイティのデリバティブにもアクセスも可能で、外部の競争相手と価格を比較することもできた。これによって、銀行の顧客にベストの価値を提供するという目標がより強化された。

さらにデジマーケットでは、ＦＸ（外国為替）とＦＸオプション、そして債券のリアルタイムでの値付けが可能だった。これらの機能はほんの２〜３年前には手作業で行われていたものだ。これらの変革を通じて、即時の値付けを求めるＤＢＳの顧客への対応が続いた。

### 外部顧客の事例４

## デジポートフォリオ／digiPortfolio

組織変革の過程の中には、あらゆるものをデジタル化するというものがあり、その結果として生みだされたのがデジポートフォリオ（digiPortfolio）だ。これは、手間のかからない人間・ロボットのハイブリッド投資サービスで、顧客はわずか１０００ドルを払えば、専門家とテクノロジーの完璧な組み合わせを利用できるというものだ。これを使えば顧客は、国内またはグローバルでの投資多角化を通じて、低コストで自らの富を守り成長させる手段が手に入る。デジポートフォリオでは、ポートフォリオマネジャーのベストチームを活用する。以前であればその専門性を利用可能なのは、総投資額50万ドル以上の人々だけだった。

チームでは、上場投資信託（ＥＴＦ）を慎重に選択して質の高いポートフォリオを生成することに加え、市場を定期的にモニタリングして、投資責任部署の市場の見方に沿うようにしている。その目的は、必要に応じてポートフォリオのリバランスを行いながら、最適な資産配分とポートフォリオの強靭さを実現することだ。

デジポートフォリオは、過去データによる検証（back-testing）、リバランス、モニタリングといったプロセスを自動化するようプログラムされている。そうすることで、DBS銀行は規模と効率性を実現可能であり、同時に投資家に対して彼らの売買活動の十分な透明性を提供している。

過去2～3年にわたって銀行は、小規模投資家に対してポートフォリオ投資のファンドを提供して、劇的な成長を見せている。これはDBSにとって全く新しい収益源であり、デジタル組織能力の存在なくしては実現できなかったものである。

## 外部顧客の事例5

## インテリジェントバンキング／Intelligent Banking

2020年、DBSは同行のデジタルバンキングサービス全体にわたって、インテリジェントバンキングの能力を倍増させた。この能力強化は、顧客が日常的なバンキングニーズに関して携帯電話とオンラインプラットフォームに移行するだけでなく、移行した先に定着化するという流れの中で実施された。

インテリジェントバンキング機能は、予測分析と顧客中心デザインを組み合わせて、データを変換して、高度にパーソナライズ化された直観的な（そして押しつけがましくない）知見へと転化するものだ。こうした知見は、顧客からすれば、自分たちの資金融通や投資管理の簡素化を可能にしてくれるものだった。

インテリジェントバンキングのエンジンは、そのデジタルバンキングサービスを通じて月間１３００万件もの知見を生成している。これらの知見は、顧客が自分のファイナンシャルプランニングを改善し、月次支出の中にある盲点を明らかにし、タイミングの良い投資意思決定を行うことを支援している。例えばＤＢＳのiWealthアプリ上では、顧客の保有ポートフォリオや過去の活動に基づいて、外国為替の価格変動に注意を促すための事前通知トリガーが顧客に送信される。

インテリジェントバンキング機能は、銀行のデータサイエンスモデルによってさらに強化されている。ＤＢＳはカスタマージャーニーをトラッキングして、顧客がいま行っていることに基づいて、リアルタイム情報を提供している。

「インテリジェントバンキングの機能を通じて、私たちは、お役立ちで行動につながる知見を、的を絞って提供してきており、顧客がより情報に基づいて金融上や投資上の意思決定を行えるよう導いています。そうした意思決定は、現在の不確実性の高い環境ではますます重要性が高まっています。私たちの目的は、顧客の金融を改善するだけでなく、最終的には顧客の人生にとっての有形資産価値の一部となることなのです」――Seng Seng（コンシューマーバンキング&ウェルスマネジメントグループ長[注12]）

## 外部顧客の事例6

# ＮＡＶプランナー／NAV Planner

ＮＡＶプランナー（インテリジェントバンキングのパーツ）は直観的に使えるデジタルツールで、顧客向けのインテリジェントバンキングの主要な例として挙げられる。

ＮＡＶプランナーは顧客がおカネが顧客のために働いてくれるように監視し、守り、増やすのを支援する。日次、月次、年次だけにとどまらず、人生を通じてである。

顧客に提供されるのは、予算管理、金融ウェルビーイング向上に関する提案、そして資産と負債の全体状況俯瞰である。プランナーはユーザーとともに成長する。具体的には以下の通りである。

・顧客の金融利害関係に関する全体像を一カ所に集めて表示する。
・投資のトラッキングと増進を通じて、顧客のおカネの使い方の傾向がうまく回るようにする。

・顧客がおカネの面で自由を得るために進むべき海図を描けるようにする。そのために、退職後のキャッシュフロー予測の可視化、埋める必要のありそうなギャップの明確化、そして望ましい退職後のライフスタイル実現に向けて必要な妥協点の明確化などを行う。

・通常外や通常以上の支払いが発生した際に顧客に自動通知を行い、自動引き落しで誤って過度の支払いをしていないか確認する。

約２２０万人の顧客がこのツールを使っており、３０００万件を超えるファイナンシャルプランニング上の知見が提供されている。そして、40万人近くの人々がネットの収支赤字から黒字に転換している。これは、この予算編成と計画策定のツールに支えられて、顧客が債務者から貯蓄者へとシフトしたことを意味している。

２０２０年の終わりに、ＤＢＳ銀行はSGFinDexを発売した。世界初の官民オープンバンキングの取り組みである。SGFinDexは、シンガポール国内の異なる銀行間をオープンＡＰＩを介してつなぐセキュアなデジタル・インターフェイスであり、各行は認可された主要な情報を共有可能になる。

## 外部顧客の事例7

# 損害保険・生命保険のデジタル化

ピユシュはバンカシュアランスのチームに対して、銀行の損害保険と生命保険のデジタル化を推進するよう課題を出した。チームは「デジタルウェーブ」を実行するために、二股をかけたアプローチを採用した。目標は、職員、特にＲＭ（リレーションシップ・マネジャー）が、顧客に対してデジタライゼーションを活用できるようになることである。

チームはまた、デジタライゼーションを活用して顧客に商品を直接提示できるようにしたかった。そこで、数ある中から特に、新しい電話、古い電話の双方向けに、モバイルプロテクト（Mobile Protect）を生み出した。シンガポールでは初の商品である。利便性のために、商品の支払いはPayLah!を使って行えるようにした。

「顧客の金融プロファイル（Your Financial Profile: YFP）」は、「デジタルウェーブ」の導入後の最初のデジタライゼーションへの取り組みの1つとなった。当時、バンカシュアランスのチームは、ＲＭがより高レベルの顧客経験を提供可能になるようにとの任務を受けていた。ＹＦＰを使うことで、ＲＭたちは顧客のことをよりよく理解した状態で顧客の面前に座れるようになった。それにはＫＹＣ（Know Your Customer：本人確認）の要素も含まれている。

ＹＦＰは、銀行のパートナーである生命保険会社とＳＴＰ（ストレート・スルー・プロセシング）接続されている。つまり、全ての情報（例：説明、適用、実行、決済）が顧客に対してコンピューター画面上に表示可能ということだ。次いで保険会社は、保険契約引受に必要な情報をデジタルで受領し、２日間のうちに新しい保険契約が完成する。バンカシュアランスの専門家がプロセスを完結し、詳細を記載したセキュアなＰＤＦ書類が顧客に送付される。

その後、ＹＦＰはＲＭのモバイルアプリに組み込まれた。ＲＭはこのアプリで、自分のスケジュールを確認し、面談予約を取り、実績を確認することが可能だ。これによって彼らは過去にないほど自由に移動できるようになった。その結果、アプリとオンラインを通じての損害保険の販売に弾みがついた。

現在のＤＢＳの顧客は「オムニプレゼンス」が可能となっている。つまり顧客は、どの程度まで自分でやりたいかと、どの程度ＲＭとやり取りしたいかを自分で決めることができるのだ。顧客に情報を提供して顧客自らが保険ダッシュボードを目にすることができる仕組みも導入された。さらに、保険契約の詳細は顧客の月次ステートメント上に反映される。

当然のこととは言えその結果、ＤＢＳ銀行の保険分野は過去10年間に15倍の規模となった。

# 内部顧客の事例

多くの企業がデジタルへの取り組みで、事業の顧客対応部分のみに注力している。しかし、デジタライゼーションの導入で成功するためには、組織のあらゆる部分が関与しなければならない。

例えばデジバンクの開設時には、法務グループが物理的支店を持たずにどうやって顧客を認証するかという問題を解決した。これは、法務グループが「デジタルウェーブ」を受け入れていたことの1つの例だ。

## 内部顧客の事例1
## グループ法務へのデジタルウェーブ導入

法務グループは、カスタマージャーニー（内部顧客を含む）を理解することの重要性を重視して、顧客の悩みのタネを特定した。次に彼らはデザインシンキングと新しいテクノロジーを活用して、その悩みのタネの解決に取り組んだ。

法務グループのメンバーが集まって合意するためにスクラムを実施した外部顧客と内部顧

多くの企業がデジタルへの取り組みで、事業の顧客対応部分のみに注力している。

客の双方のカスタマージャーニーは、以下のような領域のものだ。

・コンプライアンス
・コンプライアンス教育
・トラブル修復
・法務のオンボーディング

結果として変革が行われ、顧客経験を改善した例を見てみよう。

## 顧客を信頼する方向への変化

２０１７年のこと、法務＆コンプライアンスチームは、法人顧客のオンボーディングという重要なカスタマージャーニーに取り組んでいた。チームのメンバーは数多くの資料と質問を受ける項目をレビューして、カスタマージャーニー全体を再構築した。チームが注力したのは、新規顧客が提出する必要のある情報量の削減である。例えば、銀行側で能動的に公的部門データから必要な情報を抽出して、可能な限りリアルタイム処理を実施するといったことだ。また、質問数を削減して、特定の顧客にとって重要なものだけに絞り込んだ。これによって、オンボーディング手続きを1日のうちに終えることが可能になった。

こうした根本的な改革のアプローチでは、リバースサイコロジーが用いられた。顧客のビジネスが違法なものかもしれないという理由を探すのではなく、オンボーディングの担当者は、顧客が「実在する」ビジネスを運営している「実在の」人物であることの証明に注力する。不正な企業である可能性を示すネガティブな特徴を探すというよりも、顧客のことをポジティブに示す特徴を見つけることに注力するのだ。

現在では、「実在する」人が「実在する」ビジネスを運営していることを十分に高い信頼性をもって確認することが可能なプロファイル分析が可能になっている。これら全てによって、「バンキングを楽しいものにする」ための、円滑なオンボード経験が実現されている。

## コンプライアンスの見直し

法務&コンプライアンスのチームはまた、コンプライアンスの仕組みを変革することに注力して、職員が法令順守を強制されるのではなく、規制に沿いたいと自ら望むことを促すようにした。これは簡単に解決できる課題ではない。

その最たる事例が発生したのは、チームが内部データからあるケースを見つけた時だった。職員は、シンガポールから台湾への出張時の命令および禁止事項を確認するために、１６０００語もあるクロスボーダーライセンシングのコンプライアンス説明書を読まなければならなかったのだ。これらの職員は、法令順守の責任を負っていた。

これは重要なことだった。というのは、職員が顧客と法務やコンプライアンスのイシューについて議論するときは、楽しさからはかけ離れたネガティブな見方をしていたからだ。そこで、この領域を変革するために、法務グループはデザインシンキングを使ってプラットフォームを新たに作り、職員がビジネスユニットと目的地を選択できるようにした。選択が終わると、いくつかの簡単なガイドラインが現れて、以下のような質問がされる。

・あなたは条件規定書を顧客に渡すことができますか?
・あなたは顧客と商品について意見を交わすことができますか?

職員は「イエス」か「ノー」で回答することになる。

トランスフォーメーションの一部として、チームは「仲間意識文化(peer culture)」を育んだ。銀行の全ての職員が階層にかかわらず同等に扱われるというものだ。その目的は、最終的にはオペレーショナル・エクセレンスを実現することであり、様々なステークホルダーとのポジティブな経験の創出だけでなく、サービス標準の再設計も含まれていた。この取り組みは、この変革を実現するためのスキル、コミットメント、そして予算がチームの中にあることを証明することになった。

## コンプライアンス教育の見直し

またチームは、銀行の法務とコンプライアンス部門が同僚を教育・訓練する方法の変革にも取り組んだ。具体的には、法務要件に関して専門的な対面教育を行う方法から、行動状況の中でなすべきことを理解するものへと変更を行った。

それ以前は、職員は３時間の法務とコンプライアンスの研修に参加していて、それは移動を含めて半日がつぶれるものだった。研修の焦点は、「試験に合格するのに十分な学習を施すこと」であり、「正しい行動が行えるようにすること」ではなかった。

「デジタルウェーブ」の導入にあたって、研修手法は教室での集合研修から、事実に基づいたシナリオを使ったオンライン学習へと変革された。これによって職員は、以下の３つのうちの１つの決定を行えるようになった。

・自らの職務権限で承認する

・自らの職務権限で謝絶する
・上位層にエスカレートする

コンプライアンスチームの見解では、必要な意思決定はこれだけだった。全ての研修はこのシンプルな選択肢に落とし込むように設計することが可能だった。イエスかノーか、あるいはエスカレートかである。

このアプローチは法務&コンプライアンスチームに数多くの文化的課題をもたらした。しかし他方、それを上回る2つの利点があった。第1に、対面での集合研修のコストの排除である。そして第2に（そしてより重要なこととして）、テクニカルな内容よりも実際の行動に向けて研修が可能になったことだ。

## 内部顧客の事例2
## 新入社員オンボーディングのカスタマージャーニー

ここ数年のうちに、DBSが育成する職員数は18000人から30000人を超える状況になっていた。人事部門はカスタマージャーニー思考を採用して、DBS銀行への入社プロセスを改善し、ジャーニーを新入社員の視点からとらえるようにした。

現在では、新入社員は仕事開始の初日より「前」にDBSのプラットフォームに接続して、銀行と関わりを持つことができる。

人事チームが見出した重要な機会の中には以下のようなものがある。

・新入社員に対して、チームに配属された最初の３カ月間は頻繁に話しかけること
・新入社員向けのインフラを入社初日に利用可能なように準備すること
・マネジャーが目標を適切に下に落としていけるようにすること

新入社員向けのポジティブなカスタマージャーニーを追求した結果、人事部門は書類関係のオンボーディングをデジタルで行えるプラットフォームを構築した。また、一定のプロセスを集中化して、マネジャーが新入社員向けの準備を行う際によりシームレスで簡単に使えるようにした。

現在では、新入社員は仕事開始の初日より「前」にＤＢＳのプラットフォームに接続して、銀行と関わりを持つことができる。具体的には、新入社員は企業の現状を確認することができて、入社前に理解を深めることが可能となっている。

入社初日、新入社員は午前中を人事部門のスタッフと過ごす。スタッフは銀行の文化、プログラム、商品の概観を説明する。オリエンテーションが終わると、新入社員は自分のコンピューターと携帯電話を入手して、入社初日から仕事を始めることができる。仕事上必要なデータには事前認可がされていてすぐにアクセス可能だ。

入社後45日、90日、１８０日が経過すると、新入社員は、オンボーディング経験が円滑で楽しいものだったかについての調査に回答することになっている。

## 内部顧客の事例３
# 問題点への対応と仕事の未来

「仕事の未来（Future of Work）」という言葉は、職員が日々直面する問題点を認識し対応するためのものとして、ＤＢＳ銀行内で長年にわたって使われてきたものだ。焦点が当てられているのは、職員が使うツールと、仕事をする組織の文化の双方である。

> DBSは2019年を職員の年であると宣言して、職員としての経験と顧客経験の間にあるギャップを埋めるために時間と資金を投下し始めた。

当初は最善のツールが揃っているわけではなかったが、それでも職員の中には生じる困難を何とか潜り抜けて大きな成果を上げる者がいた。一方同じ時期には、職場にフラストレーションを感じてはいても、仕事以外ではもっとよい経験をしている者もいた。また、中には顧客として（全ての職員は銀行の顧客でもある）、自分が仕事に来てＤＢＳ銀行システムを使う時よりもよい経験をしている者もいた。

ＤＢＳは２０１９年を職員の年であると宣言して、職員としての経験と顧客経験の間にあるギャップを埋めるために時間と資金を投下し始めた。この目標の一部として、各国が独自の問題点を明確にして是正するプログラムが始められた。例えば、インドのハイデラバードの服装基準は、職員がその両親を当惑させない限りはどんな好きなものを着ても構わないというものであった。ネットフリックスの方針に触発されてハイデラバードでは、人々を成人として取扱い、尊重する方針を設定した。職員の反応は肯定的なものだった。

問題が方針と手続きにあることを理解したＤＢＳ銀行は、それに対処するための委員会を立ち上げた。このアプローチは「キアス委員会」と呼ばれた（キアス〔kiasu〕はシンガポールの言葉で「楽しいことを逃すことの不安」を意味しており、米国におけるＦＯＭＯ〔fear of missing out〕という言葉に似ている）。キアスが意味していたのは、組織内の職員は誰でも、方針や手続きの変更を要求することができるということだ。委員会は若手職員と年配職員の双方から構成され、法務＆コンプライアンスの部門長が議長を務めて判事の役割を果たした。委員会メンバーが職員の訴えに同意すれば、方針や手続きに責任のある人物はその変更を求められる。

また銀行は、別の問題点にも注意を向けた。旅費である。銀行は４Ｄのフレームワークを使うことで、「なすべきこと」において、職員が出張で自腹を切らないようにすることとした。払い戻しを受けるまでに長い時間がかかっていたためである。職員のカスタマージャーニーを実施した結果、ＤＢＳは、旅費は非常に面倒な問題であることを見出し、それが情緒的な問題でもあることをすぐに理解した。明らかに人々は、長いこと払い戻しを待ちたくはもう１つの例は、「ピユシュに言おう（Tell Piyush）」で、四半期に１度、誰でもピユシュとやり取りできて、ピユシュが個人的に回答するという仕組みだ。

なかったのだ！　では解決策は？　銀行はグラブ（Grab：配車サービス企業）と提携して、同社が直接DBS銀行に経費請求するようにした。これによって、職員は自分で出張費用を払うことがなくなった。

もう1つの例は、「ピユシュに言おう（Tell Piyush）」で、四半期に1度、誰でもピユシュとやり取りできて、ピユシュが個人的に回答するという仕組みだ。ピユシュに宛てたメッセージで多かった職員の不満は、別のオフィスにいる自分のボスに会うための出張に無駄な時間を使っているというものだった。その結果DBS銀行は、ビデオ会議への投資を増強することにした。これによって出張時間がなくなって面倒が取り除かれたことで、職員からは好評が得られた。

２０２０年、ＤＢＳ銀行は、仕事の未来をさらに推し進めるための一連の取り組みを打ち出した。それには以下のようなものが含まれる。

・職員は、労働時間の40％を上限として自由にリモートワークできる
・アップスキリングのスケジュールを加速し、職員７２００名が訓練を受ける予定とする
・データドリブンのアジャイル部隊の展開をスケールアップする

「デジタルウェーブ」の重要成功要因は、ＤＢＳ銀行におけるエコシステムの導入であった。次章ではこれを述べる。

注12　「ＤＢＳ、デジタル導入が高まる中で、インテリジェントバンキングをさらに強化」、DBS.com、２０２１年４月13日参照
https://www.dbs.com/newsroom/DBS_doubles_down_on_intelligent_banking_amid_still_surging_digital_adoption

第11章

# エコシステムの構築

「デジタルウェーブ」以前の銀行のビジネスモデルは、支店網、データセンター、そして複数の商品やサービスを通じた顧客へのリーチに基づくものだった。しかし、この超競争的な世界の下では、企業はパートナーの能力を活用してスケールアップすることが次第に重要になってきていた。

DBS銀行は現在、エコシステム構築というビジネスモデルに注力している。それは、全てがつながった世界では、バンキングはもはや単独では存在しえないからだ。現在のテクノロジーの進歩は、詳細な顧客データを収集して分析することが可能であり、一方で新たな種類のコネクティビティを提供して、顧客のカスタマージャーニーを拡張することもできる。

DBSの調査レポート「変革か消滅か：エコシステムという新たなビジネスモデル（Pivot or Perish: Ecosystem, the emerging business model）[注13]」では、エコシステムを「全く異なる業種の企業が一緒になって、個々の企業や産業だけでは創出不可能な新たなオファリングを創出したり、価値を獲得すること。エコシステムを通じてマーケターは、企業を飛び越えて商品を探すよう顧客を促すことなく、顧客ニーズに対応する能力を獲得する」と定義している。

## DBSにおけるエコシステムの始まり

2012年のこと、DBS銀行の経営陣はすでに、顧客経験を向上させるために他のシステムとつながる方法について質問するようになっていた。銀行の外では、人々がAPI（アプリケーション・プログラミング・インターフェイス）について話していたが、多くのバンカーはそれが何であるかを知らず、その潜在性を理解できなかった。DBSが最初にマイクロサービスの導入に動いて次にエコシステムとなった時に、APIの重要性が急速に高まった。

「外部に」エコシステムを構築することを可能にするAPIは接続性が重要であり、内部APIは管理と接続性の双方が重要だった。チームは「内部的に誰が何をできるか」を管理する必要があった。理由は、APIの運用とビジネス拡大の責任を付与される人物は、説明責任を負わなくてはならないからだ。内部的には、管理層の追加が必要だった。DBSでは、

> APIは事業成長の重要な推進力となり、2つの理由でビジネスに新たな価値を生み出した。「①顧客に対してより組込み型の経験を提供すること」と「②より多くの分析データがもたらされること」である。

職員が自ら変更を行うことは認められていない（これはDevOpsの標準とは異なるものだ。DevOpsでは1人の人間が管理を司る）。

ＡＰＩは事業成長の重要な推進力となり、2つの理由でビジネスに新たな価値を生み出した。「①顧客に対してより組込み型の経験を提供すること」と「②より多くの分析データがもたらされること」である。

2017年には、DBS銀行の経営陣は2つの結論に達していた。第1は、考え方を変更する必要性を認識したことだ。その意味は、デジタルプレーヤーとなるためには、リーダーシップは他の企業との協業にオープンである必要があり、単独プレーは不可能だということだ。第2は、顧客が銀行からジャーニーを開始「しない」やり方の価値を深く理解したことだ。この認識は、顧客の「なすべきこと」に焦点を当てた取り組みと一致するものだ。

またこの２つの結論に対して、ＤＢＳ銀行外部からは何百万もの感想、クリック、関与が起こった。もしＤＢＳ銀行がこうした潜在的パートナーとつながることができなければ、大量のデータと顧客知識だけでなく、将来の機会も逃してしまうところだった。

前に触れたように、２０１７年にＤＢＳ銀行は世界最大のバンキングＡＰＩプラットフォームを導入して、１５０を超えるＡＰＩを稼働させた。現在では、１０００を超えるＡＰＩと４００社を超えるパートナー企業が存在している。

同行の最初の対応速度は、外部のパートナーに対して、ＤＢＳ銀行がどれだけ俊敏で反応が速いかを示すこととなった。例えばＤＢＳは、インドのタリー社（Tally：ＥＲＰソフトウェア提供企業）と提携した。タリーは８００万社を超える中小企業顧客を擁している。

なぜタリーは地元インドの銀行と組まなかったのだろうか？　理由は、試みたものの、提携がうまくいかなかったためだ。同社の経営陣はＤＢＳのＡＰＩ構造、対応速度、そして俊敏性は、顧客へのオファリング改善を可能とするにとどまらず、銀行の信頼性も高めたことを認識したからだ。このことは、ＤＢＳが新しいパートナーだけでなく、才能ある人材を惹きつけることに役立った。

## ＰＯＣのフレームワーク

パートナー企業とのエコシステム開発をガイドし、新しいアプローチを理解するために、ＤＢＳは「ＰＯＣ」と呼ばれる3段階のフレームワークを採用した。

### Ｐ：他プラットフォームへの「Participate（参加）」

ＤＢＳは外部パーティーのプラットフォームあるいはエコシステムの参加者として役割を果たす。例えば、銀行はＤＢＳの PayLah! プラットフォームの一部として、Carousel（商品売買サイト）に戦略的に投資している。

### Ｏ：「Orchestrate（統合）」

ＤＢＳ銀行はプラットフォームであって、パートナーや複数のプレーヤーをそこに乗せるものだ。例えば、顧客は現在、ＤＢＳ銀行のウェブサイトから自動車の売買、安心して利用可能な住宅購入プランの検討、電力会社の選択、航空便やホテルの予約が可能になっている。またＤＢＳの PayLah! を使うことで、ＤＢＳ銀行は映画チケットや保険のようなアイテムに関するサードパーティーへの支払いも統合している。

### C：全くのホワイトスペースにおける「Create（創造）」

ここはリアルなプレーヤーがいない場であり、そこでＤＢＳ銀行がプラットフォームを新たに始めるものだ。アプリ創出の例としては、スマートバディ（Smart Buddy）の創設があり、その後教育エコシステムへと形を変えてきている（訳注：Smart Buddyは、シンガポールの小学生向けに無償貸与されるウェアラブルのスマートウォッチを含むデジタルサービスであり、デジタル決済で物品の購入が可能であるとともに、節約や賢いおカネの使い方を学べる。親は自分の銀行口座から資金を移して、日々の利用限度を設定できる。その後学校内の食堂や売店での利用が可能となり、さらに郊外の店での利用にも広がってエコシステム化が進んでいる）。

## マーケットプレイス参入の成功

ＤＢＳは顧客が不動産を購入する際のバンキングをよりシームレスで楽しいものにしようとした。現在のＤＢＳは、自動車や旅行も販売している。ほんの2～3年前は、消費者が銀行から車を買うなどと考えたか想像してみればいい！

## 不動産マーケットプレイス（Property Marketplace）

シンガポールの不動産市場は活発だ。「不動産マーケットプレイス」のプラットフォームを創設することで、ＤＢＳ銀行は保険やリノベーションローンなど、住宅ローンを超えた付帯サービスの提供についてより革新的となることが可能になった。

住宅ローン試算機能では、「不動産マーケットプレイス」が住宅ローンに関して初期段階の試算を行うのを支援してくれるため、消費者は選択肢を比較することができる。また消費者は「原則的承認（Approval in Principle）」を得られるので、消費者ローンジャーニーの他の部分を円滑に進められるようになる。

## 自動車マーケットプレイス（Car Marketplace）

シンガポール政府は自動車に高い税金を課している（「資格証：Certificate of Entitlement または「ＣＯＥ」と呼ばれる）。そのため、自動車購入のおよそ90％はローンが必要となり、そのことが路上を走る自動車の数を制限する一助となっている。人々に自動車を買うのをあきらめさせるために、国は素晴らしくて安全で信頼性が高い公共輸送システムを有している。例えばシンガポールでは、いつ何時でも電車が故障しようものなら、運転士は政府に罰せられるのだ！

それでも、シンガポーリアンは自動車を持ちたがる。そこで自動車販売会社は、ローンが必要な顧客に対して銀行を推奨する際に高い手数料を受け取っていた。一方銀行はと言えば、推奨を得られるかどうかは自動車販売会社頼みだった。自動車購入の際に、ローンや保険のことがまず念頭に浮かぶということはあまりない。リテールのチームはこれを、カスタマージャーニーを詳細に調べるとともに顧客に共感を示す素晴らしい機会であると考え、デザインシンキングを適用した。

２０１７年、アジャイル部隊がカスタマージャーニーを刷新して、「自動車マーケットプレイス（Car Marketplace）を新たに導入した。この種のものとしてはシンガポール初である。それはプラットフォームで、顧客の自動車探しの作業を集中化して、全ての異なるステップを１つのウェブサイトで簡単にアクセスできるようにしたものだ。「自動車マーケットプレイス」の創設は、シンガポールの中央銀行の認可を必要とした。それが銀行の伝統的で認可された業務範囲の外にあったからだ。

消費者にとっては、「自動車マーケットプレイス」のおかげで、夢にみた自動車を探して購入し、要らないものは売ることができるようになった。購買時には、サイトで自分の予算額を計算し、ディーラーを覗くか、販売店から直接購入することが可能になった。売却時には、サイトで自分の自動車に値付けして素早く売ることができた。サイトは、３つのステップで取引をガイドしてくれる。

また、サイトは保険を推奨し、牽引サービスやアクセサリー購入も提示してくれる。商品を売買する前に読むべき記事を推奨する機能も備えている。

「自動車マーケットプレイス」が開始されると、ＤＢＳ銀行の顧客はすぐに、自動車ローンと保険の購入コストが大幅に低下しただけでなく、バックエンドの処理プロセスも効率的となったことに気づいた。現在、ＤＢＳの「自動車マーケットプレイス」は、シンガポールで売り手から買い手への直接販売の最大の市場となっている。

「ＤＢＳの『自動車マーケットプレイス』は、私たちがデジタル技術を使ってバンキングを再発明しているやり方の例となっています。私たちの知見では、消費者は次第に透明性とシンプルさに重きを置くようになっていることが示されています。特に自動車のような大きな買い物についてはそうです」――ジェレミー（シンガポールのＤＢＳコンシューマーバンキンググループのヘッド[注14]）

## 旅行マーケットプレイス

「旅行マーケットプレイス」は、同行初の決済機能付きマーケットプレイスである。またそれは、シンガポールで最初のワンストップ型統合旅行マーケットプレイスで、シンガポール航空、エクスペディア・パートナー・ソリューションズ、チャブ保険とのパートナーシップによるものだ。

「旅行マーケットプレイス」は旅行者に、世界中の２５０００カ所の旅行目的地についての競争力のある航空運賃、ホテル宿泊料、無料の旅行保険を提供している。

### 電力マーケットプレイス

銀行のデジバンクアプリを使えば、世帯主は自分たちの電力消費に合った電力料金プランが探索可能だ。このアプリが目的としているのは、顧客の生活をシンプルなものにすると同時に、支払いの節約を享受できることである。

## プラットフォームという新商品

「デジタルウェーブ」は、商品からプラットフォームへという銀行全体の移行を推進した。移行では、ベストプロダクトの開発からベストネットワークの開発へという、範囲と規模が焦点となった。

プラットフォームの例を挙げれば、アップルが２００７年に製品としてのiPhoneを発売したこと、そしてそれが現在、App Storeを通じて入手される２００万を超えるアプリを有するプラットフォームとして機能していることを考えてみればよい。

銀行の商品からプラットフォームへの移行は、以下に示す3つのチャレンジを伴うものだった。

### 1．パートナーを通じた顧客獲得

カスタマージャーニーの上流にさらに遡ることは、パートナーを通じて新規顧客を獲得する機会をより多く創出することになる。

例えば、消費者が自動車を買いたいと思った時に、ローンをDBSから借りることができる。このことは、DBSが物理的なプレゼンスをほとんど持たず、消費者とのつながりを全面的にデジタルに依存している市場（インドやインドネシアのような）において、はるかに重要性が高くなる。パートナーと協働することで、双方とも顧客獲得コストが引き下げられることになる。

### 2．パートナーからの新たなデータ収集に基づく融資決定

DBS銀行は消費者のデータを収集する。顧客に関して従来とは異なるデータを保有することで、精度や詳細度の向上と、より多くの意思決定につながるデータが銀行にもたらされる。

銀行取引や融資の新規顧客に対しては、他のデータソースを持つことが重要だ（それらは移動パターン、電話会社データや他の外部データソース由来のものだ）。こうしたデータにアクセスするため、ＤＢＳは関連する企業と提携してエコシステムの参加者となった。

### ３．パートナーを通じた提供商品ラインの拡張

パートナーとのコラボレーションを通じて、従来はＤＢＳ銀行がアクセスできなかったより大きな収益機会への途が拓かれることとなった。

例えば、以前であればＤＢＳは、住宅購買のカスタマージャーニーには、住宅ローン申し込みプロセスに関してしか入り込めなかった。現在では、「不動産マーケットプレイス」を通じて、パートナーからリストが提供される。また、住宅ローンの試算と返済可能性評価を顧客経験に組み込むことで、カスタマージャーニーはより円滑なものとなっている。

ＤＢＳの初期のパートナー獲得がうまくいったのは、シンガポールのゴールデンビレッジ（映画館）、次いでシンガポールのCarousel（商品売買）、そしてゴジェック（ライドシェアサービス）と銀行ＡＰＩを接続したことからくるものだ。

## エコシステムパートナーシップの構築

エコシステムパートナーシップを構築して成功させるためには、時間、双方のコミットメント、そしてオープンなコラボレーションに投資することが必要となる。また、粘り強さと信念をもって踏みとどまり、転換点に到達することが求められる。今日にいたるまで、DBSはカスタマージャーニーを改善しているため、銀行とパートナー企業にとっては、公平な価値交換の場を見つけるのが難しくなっているかもしれない。

エコシステムパートナーシップが最もうまく実現するのは、パートナーの双方が概ね均等に協働することで恩恵を得られる場合である。また個々のパートナー企業は、顧客によりよい経験を提供すると同時に、データ面でのコラボレーションにもオープンであるように、相互に分かち合ってコミットメントをしなければならない。

DBS銀行が周囲とつながる取り組みを進めるにあたって、「バンキングを楽しいものにする」という目的は、顧客の生活に根付いてきている。

DBS銀行にとって、リテールと法人顧客の双方に対応できるようになるための悩みのタネは、オンボーディングにおけるKYC（Know Your Customer：本人確認）である。法人顧客に関してはこれまで、業界平均でこのプロセスに45日かかっていた。しかし現在では、電子署名とオープンＡＰＩを活用して手続きをシームレスでペーパーレスにすることで、ＤＢＳでは手続き時間を６日未満にまで短縮している。以前のこのプロセスでは、銀行と顧客の間で、数々の物理的書類と幾度ものやり取りの繰り返しが発生していた。ＡＩと機械学習を活用することで、手続きの重複と手作業が排除されている。

## サプライチェーンのデジタル化

ＤＢＳはＡＰＩテクノロジーの活用によって、パートナー企業と共に様々なサプライチェーンのデジタル化に取り組む能力を手にした。これによって同行は、自らを他企業の中に組み込むだけでなく、デジタル化以前には起こり得なかったような方法で、業界全体に対して組み込むことが可能になった。主な例として挙げられるのは食品や飲料の供給物流で、同行はＡＰＩを通じてこれを迅速に統合することができた。

ＡＰＩを通じてサプライチェーンを動かすことで、同行は卓越したトラッキングが可能だ。この方法でＤＢＳ銀行は独自のゴム取引所を立ち上げ、ブロックチェーン技術を使って商品の供給源をトラッキングしている。またグーグルなどの他のプロバイダーとも協働して、サプライチェーンに関するサステナビリティ情報が国にも還元されるようにしている。

２０２０年後半には、同行はある従来型銀行の支援を受けて、世界で最初の統合型デジタル取引所を立ち上げた。

注13　ＤＢＳ、「変革か消滅か：エコシステムという新たなビジネスモデル」、DBS.com、２０１９年1月10日
https://www.dbs.com/aics/templatedata/article/generic/data/en/GR/012019/190110_insights_blackbook_pivot_or_perish.xml

注14　「ＤＢＳがsgCarMart社とCarro社と提携し、シンガポール最大の直接売買自動車マーケットプレイスを創設」、DBS.com、２０２１年４月14日参照
https://www.dbs.com/newsroom/DBS_partners_sgCarMart_and_Carro_to_create_Singapores_largest_direct_buyer_to_seller_car_marketplace

第12章

# エコシステムの事例

エコシステムの中でＤＢＳ銀行が初期に採用した２つの試みが成功したことが、その後の展開に弾みをつけるのに役立った。DBS PayLah! と POSB Smart Buddy である。

## DBS PayLah!

DBS PayLah! は、シンガポール顧客向けの同行のデジタルウォレットである。２０１４年に開始されると、シンガポールでお気に入りのデジタルウォレットへの道を歩み始めた。もともとはモバイルアプリとして作られており、最初は個人間決済に焦点を当てたものだった。国のサイズが小さかったことが競争を排除する障壁として機能したため、ＤＢＳ銀行はシンガポールにおけるデジタル決済を「失敗しても自分たちだけの問題」ととらえていた。

２０１４年、ＤＢＳはアジア中で起こっていたアリババ、ウィーチャット、そしてグローバルなフィンテックからの新たな挑戦に対応しようとしていた。こうした企業は、決済の行われ方を変革するものだった。ＤＢＳ銀行は、シンガポール市場における最初のプレーヤーに、そして市場を制するリーダーになりたいと考えていた。最大のリテール顧客基盤を有する既存プレーヤーの1行であったことで、顧客向けの最適なソリューションを設計することが可能になった。そうすることでＤＢＳは、他者によってではなく、自分で自分の課題を設定したのだ。

## シンガポールにおけるデジタルへの決済変革

デジタルウォレットを立ち上げることは、顧客の習慣を変革することを意味していた。デジタルウォレットを持つことは当初、現金利用習慣を打ち破るほどの十分な価値があるものと見られていなかった。そのため「歯ブラシテスト」、つまり少なくとも1日1回は使われるシステムになるかどうかのテスト通過に失敗した。

DBS PayLah! が歯ブラシテストに失敗したことで、ＤＢＳ銀行は顧客習慣を変革する方法を考え直すことになった。そして今度は、小売店決済と請求書支払い、特典金、プリペイド追加金、そしてモバイル決済（online checkout）を提供することにつながった。このPayLah! の成功は、組織の全ての部署が同じ1つの目的を持ち、新しいビジネスのやり方にオープンで、変革当初は収益が減少することも厭わない姿勢がいかに重要であるかを示している。

デジタルウォレットの導入を確実なものとするために、以下の3つの戦略的意思決定が行われた。

まず1つ目として、新しいデジタルウォレットの仕組みは、垂直型ビジネスの1つと共存するものであり、利用推進の妨げとなってカニバリゼーションを起こすのを回避すること。例えば、もしあらゆるデジタルウォレット取引が現行クレジットカードビジネスと食い合い状態になるなら、クレジットカードとデジタルウォレットの事業は、結果的に競合しうる。DBS PayLah! はこの問題を克服した。

次に2つ目として、チームは、例えば高価格のぜいたく品セグメントよりも、現金取引のセグメントをターゲットとした。そのため、チームは行き過ぎにならないようにした。またチームは、従来からの現金中心のビジネスに新しい方法を持ち込むことで、現金取引を置き換えて勢いをつけられる方策に注力した。こうした場としては、タクシー、学校キャンパス、「hawker centers」（屋台市場、シンガポールのフードコート）等があった。

そして3つ目として、チームはアジャイルの方法論を採用した。つまり、カード、地域オフィス、チャネル、預金といった異なるビジネス出身のメンバーからなるグループを創設した。彼らの狙いはDBS PayLah! をシンガポールで最も成功したデジタルウォレットとすることだった。意思決定責任をチームに付与したことで、イテレーションの速度が上がり、商品中心の考え方からアジャイルへ移行が加速して、それが早期に直面した課題を克服するのに役立った。それは、銀行のデジタル化支援のために連れてきた外部者が職員と異なる処遇を受けるというものである。これは「我々対彼ら」というメンタリティを生み出していた。3〜4年をかけて対応が進んだ結果、現在では全てのチームがうまくコラボレーションするようになっている。

DBS PayLah! の成功に貢献したのは、経営陣の支援と投資であった。

またこの時期に、ＤＢＳ銀行は「e-channel（ｅチャネル）」という用語の使用を停止した。それはほとんど完全にデジタルプラットフォームを通じて販売を行うものとして認知されるからだ。現在使用されている用語は「e-business（ｅビジネス）」であり、それが最終的にはより簡素化されて「デジタル」「ウェブ」「モバイル」となった。銀行内のデジタル認識が広まるにつれて、「チャネル」という言葉は時代遅れになった。

デジタルで提供される商品は、そのこと自体でデジタル商品と見なされるようになった。例えば、DBS Remit（ＤＢＳ送金）では、シンガポールの顧客が外国送金を行うことができるが、その取引の99％はオンライン取引であり、完全にＳＴＰ（ストレート・スループロセッシング）となっている。ＳＴＰを使うことで、送金は数秒で完了し、送金者は即時に送金終了確認を受け取る。やり取りはオンラインで行われるため、Remit はもはやチャネルと呼ばれることはなく、商品そのものとなっている。２０１９年には、Remit の取引量は年間50％以上の増加をみた。２０２０年には、Remit 取引は1億ドルを超えた。

　こうした考え方が浸透するにつれて、職員は「オフライン」、つまり物理的店舗を通じて提供されていたものに対するものとして「オンライン」をデザインすることがなくなった。現在では、全てが顧客中心ソリューションでデジタルファーストとなっている。

## シンガポールでのDBS PayLah! の導入

　DBS PayLah! に転換点が訪れたのは、シンガポール国内でＱＲコードが普及を始めてからだった。特にクレジットカードを使う習慣のなかった若年層顧客についてである。チームは商品にＱＲコード機能を組み込み、その6カ月後の２０１７年には国内ネットワークの「ＮＥＴＳ（Network for Electronic Transfers：キャッシュレス決済システム）」がＱＲコード受入れを開始して、PayLah! のウォレットシェアが急速に上昇し始めた。また、その少し後に政府がＱＲコードの導入と協調を加速するガイドラインを発表したことも、ＱＲコード機能の追い風となった。

　２０１６年、DBS PayLah! はより手軽に利用されるようになり、加速度的に利用が増大した。このことが、２０１８年にはシンガポールで「スーパーアプリ」が実現されることにつながった。その後、DBS PayLah! がライフスタイルアプリへと発展して、しばらくすると歯ブラシテストを超える利用頻度に達した。

DBS PayLah! がデジタルウォレットとして位置づけられ、支払いツールというよりも商品として見られるようになったことで、リテールバンキングのチームは当初、銀行のオファリング全体の中での位置付けを明確化するのに苦労した。というのは、他の支払い方法（例：クレジットカード、アップルペイ、インターネットバンキング等）がすでにラインアップされており、それぞれの商品が顧客に提示されていたからである。ＤＢＳは現在も、顧客が使える様々な支払い方法の改善と調整を続けている。それぞれに独自の価値提案があるため、方向としては顧客に最善の方法を選んでもらうことになりそうだ。

現在では、顧客はデジタルウォレットで、映画のチケットを購入し、買い物を行い、モールのポイントを獲得し、レストランを予約し、タクシーの支払いを簡単に行える。そして他の使い道が継続的に追加されている。このことが、ＤＢＳ銀行が顧客をより深く理解して、カスタマージャーニーを頻繁に改善するのに役立っている。同時に、銀行はこれを通じて顧客に関するデータを収集することができる。例えば、DBS PayLah! で外食の予約をすれば、予測分析を使うことで、顧客は予約時刻の30分前にはレストランまで配車サービスを使いたいかを尋ねられるといった具合だ。

現在、DBS PayLah! のユーザー数は２００万近くとなっている。

## Ang Bao（Red Packets：紅包）のデジタル化

２０１９年の中国旧正月の時期に、リテールバンクは世界初のチャージ可能ＱＲ式 Ang Bao（紅包：現金入りの赤い袋。中国旧正月に渡されるお年玉）の試行を行った。チャージ可能ＱＲ紅包を使うと、顧客は物理的な現金を使わなくても、中国の旧正月のプレゼントの伝統を守ることが可能になった。

ＱＲ紅包の贈り手は、DBS PayLah! を使ってＱＲ紅包に金額をチャージする。そして受け手はアプリを使ってそれをスキャンし、紅包のお年玉を受け取るだけでよい。

## DBS PayLah! の大波でシンガポール独立記念日にシステムが故障

DBS PayLah! の導入初期段階でチームが気づいたのは、テレビのエンターテインメントイベントで、そこにいる参加者たちがウイーチャットを開いてスマートフォンを振っている様子だった。シンガポールのチームはこのアイデアをコピーして、「10万ドルＳＧウェーブ」というプロモーションを作り上げた。それは、２０１５年のシンガポール独立記念日に、人々が自分のスマホを決められた方法で決められた回数振ると、即時に現金を得られる可能性があるというものだった。チームはＳＧウェーブをオンラインと従来メディアの双方で宣伝し、人々に独立記念日に DBS PayLah! アプリを使うように促した。

そして事件は起こった。アプリの入力数があまりに多かったため、システムがクラッシュしたのだ！　クラッシュの原因は、登録数の急伸が鉈の刃となって振り下ろされ、DBS PayLah! 全体をシャットダウンさせたことだった。経営陣はこれにどう反応しただろうか？「なるほど、まずはやってみたわけだ。次はそれを修正し、そこから学び、そして進もう」というものだった。他の企業であれば、解雇者が出たかもしれない。このケースの経営陣の反応は、ＤＢＳの実験と学習の組織文化を強化することとなった。

　現在では、ＩＢＧ（大手法人向けバンキング部門）のビジネスでは、決済ゲートウェイを統合する方法を研究している。それによって法人顧客が、消費者から消費者への支払いを、ゲートウェイを介してシームレスに実行できるようにするためだ。究極の姿はデータのセルフサービスあるいはＮ＝１である。すなわち、データ利用の許可を受ける必要なしに、自分の仕事の改善に必要なものにアクセスすることだ。Ｎ＝１が意味しているのは、顧客が望むか必要とする時に、正しい商品を正しいタイミングで目にすることができるということだ。またそれは、個々の顧客の、例えばアプリメッセージ経由か電子メール経由かといった通知方法の選好を特定することでもある。

　これを実現するのは困難なことだが、ＤＢＳのチームは、カスタマージャーニー改善の新たな手法として、Ｎ＝１に取り組んでいる。

## エコシステム・パートナー

DBS PayLah! は、ＡＰＩを採用したことでエコシステムへと進化してきている。他企業とパートナーを組むことは、当初はＤＢＳ銀行にとって自然なものではなかったが、それは新しいマインドセットとデジタル化へのアプローチの一部となった。

ＤＢＳ銀行はエコシステム・パートナーとしてDBS PayLah! の利用を促進する中で、顧客にさらに大きな価値を提供してくれる相手に狙いを定めている。例えばシンガポールのタクシー会社であるコンフォートデルグロとのパートナーシップは、利用度を改善させた初期の成功例である。

またＤＢＳ銀行は、シンガポール国立大学のキャンパスにおける食料品購入（シンガポールでのお気に入りの活動の１つだ）をもターゲットとした。ここでもDBS PayLah! の利用は増加した。その結果、学生たちはプリペイド方式の利用に慣れることになった。

もう１つのエコシステムパートナーはゴジェック（Gojek：インドネシアのジャカルタ拠点の輸送ネットワークとロジスティクスのスタートアップ企業）である。２０１９年の半ば、ＤＢＳとゴジェックはコラボレーションして、ライドシェアサービスの支払いの選択肢にDBS PayLah! を加えた。ゴジェックによれば、１日のライドシェア取引のうち約35%が現金で支払われていた。エコシステム・パートナーシップを組むことによって、デビットカードやクレジットカードを保有していないユーザーは、現金以外の選択肢としてデジタル決済を利用することが可能になった。

このパートナーシップでは、ストレイトスルーAPIソリューションであるDBSのIDEAL RAPIDを活用することで、支払金が直接ゴジェックのドライバーの口座に入金されるようになった。

銀行が目指しているのは、2023年にはDBS PayLah! のユーザー数を倍増させて350万人とすることだ。その実現のために、長期戦略ロードマップの構成要素としてPayments（決済）、Partners（パートナー）、そしてPlatform（プラットフォーム）という3つの「P」を構築しようとしている。

## POSB Smart Buddy（スマートバディ）

「デジタルウェーブ」の導入開始にあたって、ピユシュはDBS銀行の全ての部門に対して、現状にチャレンジして、これまでと異なる考え方をすることを強く求めていた。CEOの課題提起への対応の一部として、リテールバンクが対応した顧客の悩みのタネとは、朝、両親が子供に昼食代を渡すのにバタバタしていることだった。これへの解決策は、結果的にシンガポールの子供たちが口にする砂糖の量を減らすことにつながった。

## デジタル化とは必ずしも商品を発明することではなく、テーマはプラットフォーム創出である。

アジャイル方法論を適用して、チームは学童向けのウェアラブルウォッチを開発した。親はそれを使って子供にデジタルで昼食代を渡すことができる。名前は「Smart Buddy（スマートバディ）」とされた。アプリ開発のために、アジャイル部隊は3つの学校でパイロットデバイスを使って実験を行い、18カ月をそれに集中して過ごした。

既に述べたように、デジタル化とは必ずしも商品を発明することではなく、テーマはプラットフォーム創出である。この場合は、学童にウェアラブルウォッチを与えて、デジタル振込を行っても、小売店がその支払いを受け入れられなければ何の意味もない。そこで、チームは学校に出店している個々の食料品店に赴いて、キャッシュレス取引を受け入れるよう促した。

## フェイスブック・メッセンジャーとのインターフェイス

２０１６年の試行期間中にチームが知ったのは、数多くの食品飲料店がそれぞれのアプリを持っていることだった。別のアプリを見つけてダウンロードし、そして使うことは彼らにとって魅力的なことではなかった。

アプリの氾濫という問題を解決するために、チームはフェイスブック・メッセンジャーへと方向転換した。ほとんどの顧客が使っていたからだ。現在では、子供たちの学校に出店している全ての異なる店がフェイスブック・メッセンジャーをリストに挙げている。

２０１７年8月、ＰＯＳＢスマートバディが世に出た。それは、非接触決済エコシステムであり、インタラクティブで使いたくなるように作られていて、学童たちの賢明な貯蓄と消費慣行を育むものだ。スマートバディは、親たちが子供に昼食代を渡すのにバタバタするという問題を解決しただけでなく、子供たちが学校でどんな食品を購入しているかもトラッキングできた。

スマートバディのデータ分析は、子供たちの食習慣を明らかにし、親たちが子供らに正しく食事をし、賢くおカネを使うよう教えるための道を開いた。シンガポール政府は、子供の食習慣改善の方法を探していたことから、スマートバディに興味を示した。データは変換されて、トレンドの明確化と知見の獲得にも役立った。

スマートバディの導入以降、２９０００名を超える学童が無償のウェアラブルウォッチを使っており、62の学校が取り組みに参加している。

スマートバディの成功が初期の触媒となって、リテールチームは消費者向け提供商品全体を見直して、商品販売からプラットフォーム創造へと転換することとなった。スマートバディは単なるデジタルウォレット商品ではない。顧客（学童）と小売店を相互に結び付けるプラットフォームだ。シンガポールでは、貸本屋や書店もこうした小売店に含まれる。

スマートバディは、親が子供らの食習慣や購買習慣を追跡できるようにしただけでなく、シンガポール健康増進庁（Singapore Health Promotion Board: HPB）にデータを提供したことで、学童たちの糖分接種量の削減にも役立った。ＨＰＢは健康的な生活を促すために、栄養のヒントを提供している。

# 第13章

# 顧客の信頼

DBSはシステムの振る舞いとカスタマージャーニーの行動の間の相互作用の円滑化に焦点を当ててきている。同時に同行は、銀行として顧客行動を予測できるかどうか知るために、カスタマージャーニーの詳細な分析にも注力してきた。これら2つの考え方を組み合わせたものは、「カスタマーサイエンス」として知られることとなった。

楽しい経験を提供するために、DBS銀行はカスタマーサイエンスを用いて、カスタマージャーニーの追跡を容易にする観察の道具や方法を生み出している。具体的には、顧客行動データとシステムのデータとを組み合わせて、リアルタイムの分析モデルを構築している。

楽しい経験を提供するために、DBS銀行はカスタマーサイエンスを用いて、カスタマージャーニーの追跡を容易にする観察の道具や方法を生み出している。

## カスタマーサイエンスのコンセプト

ネットフリックスから取り込んだコンセプトを使って、ＤＢＳ銀行はまずデジバンクで、アプリ上で顧客行動を追跡してカスタマーサイエンスを試行した。またＤＢＳ銀行は、フルタイムの顧客オペレーションユニットをインドに設置して、カスタマージャーニーをリアルタイムで追跡した。これによって同行は、システムの問題を予防・予測して解決することが可能になった。それも問題発生の前にである！

　例えば、データによってインドのデジバンクアプリのログインに問題があることが明らかになった。チームがカスタマーサイエンスを活用してログイン失敗をモニタリングした結果、システム側に欠陥があるわけではなく、顧客の行動の問題であることが明らかになった。具体的には、アプリのパスワード方式がインドで通常使われているものとは異なっており、それがログインエラー率の高さの原因だったのだ。

では解決法は？　ＤＢＳ銀行はログイン方法を標準のものにして、パスワードの回復とリセットをやりやすくした。その結果、ログイン成功率は60％台半ばから90％台半ばに急上昇した。こうした変更はデジバンク・インドネシアにも適用されている。

このコンセプトは、ＤＢＳ銀行の経営陣が「ＤＢＳが世界のベストバンクになるためにオペレーション部門が貢献するには何をする必要があるだろうか？」と問いかけたことで始まったものだ。その答えの一部がデータ計装だった。

## データ計装（Data Instrumentation）

重要な問題は、「何を」計測するかではなく「どう」計測するかだ。データ計装で正しい方法と追跡が実現したことで、ＤＢＳの職員はそれを使ってカスタマージャーニーをどう改善すればよいかが特定できるようになった。

重要な問題は、「何を」計測するかではなく「どう」計測するかだ。

データ主導モデルの解析が問題発生を未然に防止するのに役立ったことで、顧客の銀行との関係が収益的なものとなり、銀行は顧客リレーションシップを深めることができた。

　データ計装はオペレーション管理センター内に設置され、カスタマージャーニーをリアルタイムでモニタリングしている。センターのシステムが行動とデバイス活動データを収集して、問題発生の可能性を予測し、ＳＭＳ、電子メールあるいはチャットボットを通じて顧客を支援することで解決につなげる。また銀行はデータ主導モデルによって、顧客ニーズに基づいて高度にパーソナライズ化されたソリューションを創出することが可能になった。その方法は、適切なタイミングで顧客に合った商品とソリューションを顧客の行動文脈に沿って紹介するというものだ。

　どんな企業もデータを保有しているが、ＤＢＳのデータ計装から得られるデータは顧客行動の後押しをする重要なツールとなった。以下に２つの例を示そう。

## 顧客をセルフサービスチャネルに向かわせる

　コンタクトセンターに導入されたデータ計装は、顧客のサービスニーズを予測して、顧客がセルフサービスチャネル（チャットボット等）を使うように誘導した。データはインバウンドコールの減少とレスポンスタイムの向上に役立った（２０２０年、チャットボットの利用による個別会話件数は35万件から40万件へと増加し、82％の要求が顧客の自己対応となった）。

　シンガポールのカスタマーセンターは従来、毎年４００万件を超えるインバウンドの顧客コールを処理していたが、現在銀行では、コール数の継続的減少を目の当たりにしている。顧客が自分の質問に自分で回答を見つけられるようになったためだ。

　カスタマーセンターのトランスフォーメーションの中には、５００名を超える職員のリスキリングを行って13の新しい職務内容に就かせることも含まれていた。その中には例えば、音声認証の専門家、ライブチャットのエージェント、顧客体験デザイナーとなった職員もいる。

データとデジタルダッシュボードは、カスタマージャーニーの解析にも使われた。例えばカスタマーセンターのチームに可能だったのは、行動データとデバイス利用データを使って、カード取引のエラーやATMのカード取り込みといった起こりうる問題を予測して解決することだ。そしてチームは、SMS、電子メール、チャットボット経由で顧客を支援することができた。

### 顧客を退職後プラン作成に向かわせる

銀行では、「未来に向き合おう（Face Your Future）」という退職プランソフトウェアを開発した。顔認識ソフトウェアとAIを使って、顧客が退職年齢に達したときにどんな容貌になるかという肖像画を描ける。

このソフトウェアの目的は、顧客に退職プランを作る気にさせるひと押しとなることだった。加えて、「未来に向き合おう」のアルゴリズムは、彼／彼女の望ましいライフスタイルに基づいた退職後の支出を予測することが可能だ。

## 顧客データ保護責任

もちろんのこと、ＤＢＳ銀行はデータ保護を真摯に受け止めている。個々の国の規制に加えて、銀行は次のことを考慮に入れている。

・データに関して適切とされていること
・顧客の自分のデータについての感じ方
・顧客／自分たちが使う定義
・妥当性についての考え方
・適合性についての考え方
・データへのアクセスが認められるべき人
・人々の役割

責任あるデータ利用を監督するため、ＤＢＳの経営陣はＰＵＲＥフレームワークを導入した。ＰＵＲＥという頭字語は次の単語から成っている。

・Purposeful（目的）：データ利用には目的があること
・Unsurprising（予想可能）：データ利用は個人の期待するものであること
・Respectful（尊重）：データ利用は個人を尊重し、社会規範を考慮に入れること

・Explainable（説明可能）：データ利用は説明可能で、正当化可能であること

例えば、銀行がサードパーティのデータを使用する場合には、顧客にそのように告知してＰＵＲＥ方針に合致しなければならない。データ収集時には、職員は以下の質問に回答することを求められる。

・データが何のために使われるかを顧客に知らしめたか？
・データ利用は関係者全員にとって予想可能なものか？
・ＤＢＳ銀行はデータを尊重と目的をもって利用するか？
・データの利用とその結果は説明可能か？
・顧客から自分たちが対象とされた理由や、データがなぜどのように使われたかについて質問された場合、自信を持って回答できるか？

顧客の信用は「デジタルウェーブ」の中核をなすものであり、ＤＢＳ銀行はそれを重く受け止めている。

## 考えるべき質問

1. あなたの組織にとって顧客中心が意味するものは何か？
2. どうすればより顧客中心主義になれるか？
3. デジタルへと変革するために、経営者のマインドセットの何を変えるべきか？
4. 組織を通じて行われる意思決定が顧客中心であることをどう確実なものとするか？
5. 最も重要な顧客のために「なすべきこと」は何か？
6. デジタルへと変革するにあたって、顧客にもう提示すべきでない商品とサービスは何か？
7. どうすればカスタマージャーニー解析を導入できるか？
8. カスタマージャーニーの問題点をどうすれば特定して解決できるか？
9. デザインシンキングの導入と活用はどのようにして実施できるか？
10. カスタマージャーニー改善に必要なデータをどうやって収集できるか？
11. データ利用において顧客の信頼をどのように確保するか？
12. 正しいエコシステムはどうやって開発できるか？

第14章

# デジタルウェーブの第3戦略原則

# 組織文化を変革し、スタートアップ企業のように考える

デジタルウェーブを開始した時に、経営陣はその実行をサポートするために組織文化をどのように変革する必要があるかと問うた。それはスピード、俊敏性、顧客中心、イノベーション、あるいは何か他のものだろうか?

## 組織文化の意図的変革

この問いについて検討するため、DBS銀行は「組織文化設計(Culture by Design)」というプログラムを開始した。デジタルウェーブの導入のために何を変えることが必要かを明確にするためだ。

「組織文化設計」はまず、DBS銀行の未来のゴールを詳しく調べることから始めた。次い

「組織文化設計」はまず、DBS銀行の未来のゴールを詳しく調べることから始めた。次いで、その実現の障害となるものを洗い出した。

で、その実現の障害となるものを洗い出した。そしてチームはそれら障害を克服する方法を学ぶために複数の試行を行った。試行は、簡単なものは使う用語の変更から、複雑なものは全く新しい方針やプロセスにわたった。

そこから得られた重要な結果は、ＤＢＳ銀行が求めているのはスタートアップ企業の組織文化を模倣することだった。現在では、ＤＢＳが持つイノベーションへの欲望は、そのＤＮＡに組み込まれている。それはまるでスタートアップ企業のようだ。

この種の組織文化を育むために、経営陣は５つの特性を厳格に定義した。それらはABCDEという略語に集約され、組織のＤＮＡに完全に埋め込まれている。具体的には次の通りだ。

・Agile：アジャイル＝俊敏であること
・Be a learning organization：学習する組織であること
・Customer obsessed：顧客中心主義であること
・Data driven：データドリブンであること
・Experiment and take risks：試行し、リスクをとること

これら５つの特性については本章に続く個々の章で説明する。

ＤＢＳの組織文化の変革は、それ以前に「アジアウェーブ」の下で行われた変革で始まっていたが、「デジタルウェーブ」を成功に導くためには、さらなる変革が求められた。「アジアウェーブ」の組織文化変革は、経営陣と職員が変化に対してオープンな姿勢をとることに役立った。それが、スタートアップ企業文化への変革に向けた重要な土台作りとなった。

## スタートアップ組織文化への最大の障害

ＤＢＳ銀行の経営陣が最初に問うたのは、「組織をスタートアップ企業の文化に変革する

# 組織をスタートアップ企業の文化に変革するための最大の障害は何か？

ための最大の障害は何か？」ということだった。

彼らが変革の阻害要因ナンバーワンとして見出したものは何だっただろうか？　それは、組織の中での会議の実施方法だった。会議の数があまりに多く、成果を生まないものがあまりに多く、明確な目的を持たない会議もあまりに多かった。これが、ＭＯＪＯと呼ばれる試行にとりかかる契機となった。

## MOJO

ＭＯＪＯは、組織全体にわたる取り組みの名称で、銀行全体で効果的な会議を実施しようとするものだ。そのゴールは、全ての人の時間を最も効果的に使うことであった。

ＭＯはMeeting Owner（会議のオーナー）を指す。オーナーには３つの役割がある。

・参加者皆が均等に発言し、集合知が活用されるようにする
・終了時に、会議のキーポイントを要約する
・会議の目的と背景を説明する

ＪＯはJoyful Observer（楽しむ観察者）のことで、その役割は次の通りである。

・時間の経過を追跡する
・ＭＯに対して、彼／彼女の果たした役割の程度について忌憚のないフィードバックを行う

もしＭＯが非常にネガティブなフィードバックを受けた場合、彼／彼女は、それ以降は会議の主催をさせてもらえなくなる。

その結果、各々の会議でＭＯＪＯを行ったところ、その効果は2倍以上になった。具体的には、ＭＯＪＯによって会議の開始と終了が定刻になり、それによって50万時間超の時間節約が生まれた。ＪＯによってフィードバックが繰り返し行われたことで、職員は誠実に

MOJOによって会議の開始と終了が定刻になり、それによって50万時間超の時間節約が生まれた。

フィードバックに取り組むことができた。ＭＯＪＯが実施されたことで、ＤＢＳ銀行は改善ツールとしてフィードバックを提供し活用する能力を向上させられた。さらに、会議の場で均等な発言が行われたとする職員の比率は、40％から90％へと劇的に向上した。

当初は、職員にＭＯＪＯの実行を想起させるために、会議室に貼り紙をしたりグッズを置いたりしていた。業務エリアにはポスターが貼られ、職員にＭＯＪＯ実施を促していた。現在では職員は、デジタルでナッジ（催促）を受ける。ＭＯ実施者は毎月、パフォーマンスに関する電子メールのフィードバックレポートをＪＯたちから受け取っている。

ＤＢＳでは誰もが会議の際にはＭＯＪＯ活動を実施しており、それはピユシュも同じだ。彼自身でさえ、ポジティブな行動が不足している様子を見せると、ＪＯから指摘を受けている。それが起こったのはある会議のことで、参加者の意見を聴取しなかったとＪＯがピユシュＣＥＯに伝えた。ピユシュは素晴らしいロールモデルであり、ＪＯに対して感謝の意を表し、彼を勇気づけた。この出来事のニュースは行内を駆け巡り、他の人たちに会議で正しい行動をとる勇気を与えた。

職員がＣＥＯに対してネガティブなフィードバックをすることが可能で、それが称賛されるのがどんな種類の組織文化か、考えてみればよい！　このことでＪＯは心理的安全性を感じられるようになり、それは、望まれるチームと文化の発展には最重要なことである。

銀行はさらに、ＭＯＪＯアプリの開発まで行った（驚くことではないが）。それは公開されていて www.meetingmojo.co から入手可能である（こっちは驚くべきかもしれない）。アプリでは、役割の説明だけでなく、ＭＯＪＯ生産性タイマー（MOJO Productivity Timer）を提供している。その機能とは、会議終了の10分前と5分前に自動でブザーを鳴らすものだ。また、ＪＯたちにフィードバック提供や、最後のミーティングのラップアップ実施といった一連のアラートも提供している。

会議品質の向上は、ＤＢＳの組織文化に大きなプラス効果をもたらし、日々の業務の有効性を改善させた。最も重要なのは、そのことが職員たちにより高付加価値の活動に注力する時間の余裕をもたらしたことである。

## ジョイスペース（Joy Space）

もう1つの重要な文化的要素は、銀行の執務環境である。正しい文化を創出するためには、望ましい文化につながる行動をサポートする環境が必要となる。DBSでのそれは、ジョイスペースの開発だった。

ジョイスペースという言葉は、銀行の施策ポートフォリオに対応しており、そこでは執務環境を革命的に変えるオープンプランのコラボレーションスペースが必要だとされている。加えてDBSは、アジャイルや他の望ましい行動を「組織文化設計」プログラムの中に明示するよう促した。

GANDALF企業からヒントを得て、DBS銀行はコラボレーションに焦点を当てたフリーアクセスのスペースを生み出した。そこでは、アジャイルに向けた組織文化変革が非常によく目に見える。またそれは、新しい働き方につながる適切な環境を提供することになった。例えば、解決すべき課題を抱えた職員は、スクラムを招集してそれを議論する場所をオープンスペースで見つける。必要なら床に座ることも可能だ。こうした環境設定が、長く残る

GANDALF企業からヒントを得て、DBS銀行はコラボレーションに焦点を当てたフリーアクセスのスペースを生み出した。そこでは、アジャイルに向けた組織文化変革が非常によく目に見える。

タテ割り意識を終わらせるのに役立ち、アジャイルな文化の普及を促進した。

## PRIDE!

３つの戦略ウェーブ全てのトランスフォーメーションを通じて、ＤＢＳ銀行が重視する価値は、その組織文化を継続的に支持し、許容される行動を後押しした。「PRIDE!」が示す価値は、銀行が事業を営む方法と、職員がコラボレーションする方法を明確にしたものだ。それらは次のようなものだ。

・Purpose-Driven（パーパスドリブンであること）

・Relationship-led（リレーションシップ主導であること）
・Innovative（イノベーティブであること）
・Decisive（断固として行うこと）
・Everything Fun!（全てを楽しく！）

これらの項目が共通して奨励するのは、貢献と他人の成功を認めることだ。オープンマインドで、共感的で、他人を尊重するものである。そうすることで、楽しく仕事をする文化を生み出し、人々は偉大なチームに参加していることでエネルギーを得て、共にそれを楽しむのだ。

## 仕事を楽しむ文化（A Joyful Work Culture）

仕事を楽しむ文化は、バンキングに先んじてあるべきものだ。それは顧客、顧客のビジネス、彼らの活動にも関係する。顧客は、ＤＢＳが行うあらゆることの中心に据えられるものであり、それに基づいて卓越したソリューションの開発に取り組むと同時に、よりサステナブルな銀行を作り上げていく。

仕事を楽しむ文化は心理的安全性を増進し、職員間の高水準の信頼とコラボレーションをより強めるものだ。

内部的には、仕事を楽しむ文化は心理的安全性を増進し、職員間の高水準の信頼とコラボレーションをより強めるものだ。形としては、データに基づいた意思決定と、ゴール達成の祝福である。

ABCDE、MOJO、Joy Space、PRIDE!は、組織文化変革に向けた重要な取り組みであり続けており、皆が「バンキングを楽しくする」ことの情熱を共有している。

# 第15章

# アジャイルの採用

２０１６年にテクノロジー企業を訪問しての運営の仕方を学んだ後、ＤＢＳ銀行の経営陣は、ビジネスとテクノロジーがいかに緊密に結びついているかを理解した。それらは２つの分かれた領域ではなく、１つの領域であることが分かったのだ。

銀行内のこれらの領域の融合を加速させるために、経営陣はアジャイル・プラットフォームを新たに作り、それを「アプリケーション群と人員の集団が、共通の予算で共通の戦略を実行するもの」と定義した。しかし、銀行全体でより人気を得てマントラとなったのは、「テクノロジーはビジネスであり、ビジネスはテクノロジーである」という言葉である。

## テクノロジーはビジネスであり、ビジネスはテクノロジーである

このマントラの存在が、ビジネス部門とテクノロジー部門の人々を融合するプラットフォームを生み出すことにつながった。それはどのようにして実現されたのだろうか。テクノロジー部門とビジネス部門の職員たちは戦略、目的そして手段を共有することで一体となった。次に彼らは優先順位の設定に関する対話の共有を推し進めた（例：機能性と安定性のどちらを先行させるか）。

このアプローチは、ジョイスペースという執務環境と相まって、多くの銀行が長年かけて苦労しているものを実現した。フロントオフィス、ミドルオフィス、バックオフィスのメンタリティの排除である。それはまた、銀行が組織文化を成功裡に変革するのに大きく役立った。

## 「Two-in-a-box」フレームワーク

プラットフォーム経営モデルを使ったことで、テクノロジーとビジネスが一体化した。そ

テクノロジー部門とビジネス部門の職員たちは戦略、目的そして手段を共有することで一体となった。

れによって行内部門間の仕事の関係が融合し、その結果、意思決定の加速、視野の拡大、オーナーシップの共同化、サイロの解体が実現された。このプラットフォームモデルを実現するため、ＤＢＳではTwo-in-a-boxというフレームワークを導入した。第7章の「芯までデジタルになるためのベストプラクティス」でも紹介したものだ。それが示唆しているのは、どのようにして、ビジネス部門とテクノロジー部門のパートナーが、共通のゴール、事業戦略、導入ロードマップに基づいて協働することによって、プラットフォームを共同開発して維持するかの方法だ。

２０１８年にＤＢＳ銀行がエコシステムとしてのプラットフォームを開始すると、ビジネス部門とテクノロジー部門との対話

2018年にDBS銀行がエコシステムとしてのプラットフォームを開始すると、ビジネス部門とテクノロジー部門との対話と関係の双方において素晴らしい改善が見られた。

と関係の双方において素晴らしい改善が見られた。それ以降、異なるヨコの事業部門やタテの業務関係の間で、33個の異なるプラットフォームが生成されている（例：データ、決済、人事など）。

プラットフォーム経営モデルを推進するために、DBS銀行は、上級経営陣からなるプラットフォーム委員会を立ち上げた。委員会は、プラットフォームを通じて目的実現に向けた戦略的支援やガイダンスを提供する。「テクノロジーはビジネスであり、ビジネスはテクノロジーである」のマントラに背中を押された彼らは、プラットフォーム経営モデルがビジネスの未来を制するものだと強く信じている。

## アジャイル・プラットフォームへの移行

従来型組織の経営陣によくあるのは、動くのが遅く、官僚主義的な運営を行い、顧客ニーズを見失い、数多くの会議や多層の承認プロセスを求め過ぎることだ。アジャイル方法論はこうした課題に対抗するものだ。当初アジャイル方法論の採用に関わった人々は、望ましい組織文化変革を進めるために、銀行内の様々な部門に異動させられた。

アジャイル部隊（Agile squad）は、６人からなる小さなチームで、短時間に成果を出すという明確な目的を持っている。少なくとも1人のチームメンバーは、対応する事業領域の専門家かプロダクトオーナーである。このメンバーが、プロセスを通じて顧客視点を強める役割を担う。

今では業務部門を歩いてみると、異なる部門出身のメンバーのチームが集まって20分間のスタンドアップミーティングを実施し、各人の課題や進捗についてアップデートしているのを頻繁に見ることができる。

ＤＢＳ銀行内でアジャイルを初期に採用したのは、あまり例を見ない領域だ。監査部門である。

## アジャイル監査の驚き

例えば、監査チームが事業部門から「監査はいつ実施するのですか?」との電子メールを受け取った状況を想像してみよう。ここを、監査チームがアジャイルを活用した変革に成功している様子の理解の入口とすることができる。チームは監査を完了した後に、感謝メールも受け取っているのだ。

行内監査は「バンキングを楽しいものにする」ために変革されて、ビジネスの阻害要因からビジネスの成功推進要因となった。アジャイル採用について検討する場合、監査は自然に頭に浮かぶ最初の領域ではない。いや、2番目でもなく、3番目でさえない。それでもDBSの変革を理解するためには、監査部の変革と、デジタル化の恩恵を銀行にもたらすのに果たした大きな役割を理解することが重要だ。

監査は一般に「第3の防衛線」として知られている。ビジネスが最初の防衛線で、企業の監視機能（リスク管理グループ、法務・コンプライアンスグループを含む）が第2の防衛線となる。しかし、監査チームのメンバーは「『デジタルウェーブ』においてどうすれば自分たちが有効な役割を果たせるだろうか?」と自問して課題設定を行った。彼らは、成功する行内監査は「バンキングを楽しいものにする」ために変革されて、ビジネスの阻害要因からビジネスの成功推進要因となった。

ためには変革が必要だと理解していた。まさにＤＢＳ銀行の他の部門が変化していたのと同じタイミングにである。

「デジタルウェーブ」以前の監査部は、事業部門内の情報交換を制限する警察機能と見なされていた。監査役は折に触れて、事業部門にデータの提供を依頼しなければならなかった。監査役がとっていたアプローチは、手元情報と彼らの事業リスクと管理水準の理解に基づいて、監査領域を決めるというものだった。次いで決定された監査領域が対応する事業部門に伝達される。監査プロセスは比較的変更が難しく、領域限定的で、時間がかかるものであり、新しい領域要請や最新の変化への対応の難しさのために硬直的だった。

ブレークスルーが起きたのは２０１６年

のことで、チームがＴ＆Ｏ部門の監査を行っていた時だった。従来の監査方法論は、硬直的で、直線的で、手順を踏むものであったために、Ｔ＆Ｏ部門が日常的に実施していたアジャイルのスプリントに対応することができなかった。アジャイルのスプリントはＴ＆Ｏ部門のデジタル化の一部であった。以前は、新しいリスクや想定外の懸念領域は監査範囲に組み込むのは容易なことではなかった。そのためチームでは、従来の監査方法論から生じうるギャップや断絶の解決に焦点を当てた新しい監査アプローチを試行した。

新しいアプローチを行ったということは、監査の仕組みの機能の仕方を全く変革することによって、チームが「デジタルウェーブ」に参画できたということだ。チームメンバーもまた、新しい監査方法がどうすれば実施可能かについて、マインドセットを切り替えることができた。そしてチームは、従来の監査実施方法の問題点に対してオープンな姿勢を維持しつつ、同時にデータの活用の仕方を詳細に検討した。それは、ＡＩ、データマイニング、システム購買の増加、より多くのアプリケーション利用といったものにとどまらなかった。というよりも、変革は「人々」とその働き方に関するものだった。

監査チームは、無作為サンプル検査によって、調査対象全体を代表するある役割に基づく脅威を明確にした。アジャイル監査テクノロジーによって、チームは事実上、後知恵から洞察へと移行した。具体的には次のような動きがあった。

・過去データサンプルから、データの自動ダウンロードへ
・手動でのデータ抽出とレビューから、対象全体にわたる自動チェックへ
・周期的な監査から、オンデマンド監査と継続的なレポート生成へ

チームはまた、データの100％チェックができなかった理由と、さらに上位のレベル、つまりエラーが発生する前にその可能性がより高い領域を予測することができなかった理由も問うた。ささやかなアイデアとしてスタートしたこれは、支店におけるプロファイリングに適用された。そしてそれは素晴らしい結果を生んだ。

## 支店リスクプロファイリング

リテールバンク部門における初期の成功は、この支店監査向けに予測分析を使ったことから生まれた。

監査チームは機械学習技術を活用することで、どの支店が次の期にリスクイベントに遭遇しそうかを予測可能になった。そのことが、希少なリソースを適正に割り当てて、監査業務の一部としてこれら支店を精査することにつながった。

チームは幅広いデータ（例：顧客取引と苦情、支店健全性、職員関連数値、過去のリスクイベント）を活用して、支店リスクプロファイリング（Branch Risk Profiling: BRP）ツールを開発した。このツールは潜在的に高リスクの支店をあぶり出すだけでなく、支店内の特定のプロセスにスポットライトを当てるものでもある。実際に、監査チームはこれによって、支店監査の実施で最高の成果を上げられるようになった。

支店リスクプロファイリング（ＢＲＰ）ツールの活用が始まると、シンガポールの本部はその利点をすぐに理解した。そして現在は銀行の主要市場のほとんどでこれが使われている。

## 新しい監査アプローチ

監査チームの監査アプローチが新しくなったことで、銀行全体のマインドセットの刷新も必要となった。アジャイル監査のパイロットは、ジェフ・サザーランドとケン・シュワーバー[注15]が開発したスクラムアプローチに基づくものだった。彼らのアジャイル方式でのプロジェクトマネジメントでは、マネジメントが詳細な指示を出すのではなく、作業はチームに委ねられる。

パイロット・プロジェクトは成功した。２０１７年にアジャイル監査が行われたのは会社の15%をわずかに上回る（銀行の監査のうち28件）だけだったが、その実績は２０１８年には50%（93件の監査）へと上昇した。当初スクラムマスターの訓練を受けたのは監査チームのメンバーのうち２人だったが、現在は40名を超えている。

　比較対照してみると、旧監査方法論では６～８週間の介入期間中、業務部門からの協力はほとんど得られなかった。監査作業自体は時間がかかり、作業量も多かった。現在のアジャイル監査は業務を妨げることが劇的に少なくなった。それは監査チームが自分たちだけでほとんどの作業を実施しているからだ。業務部門長との面談で、会議室に何日も缶詰めになることはなくなった。その代わりに、部門長のオフィスで「スプリント」と呼ばれる20分の会議に参加することになった。

## スプリント・ゼロ・ワークショップによるリスクポイントの明確化

　アジャイル監査の始まりは、スプリント・ゼロ・ワークショップだ。その目的は、新しいアプローチの全体像を共有することであり、その特徴は、監査対象業務について、半日でプロセスの最初から最後までのウォークスルーを行うことだ。それには、参加者がロールプレイを行って業務部門長と監査の議論を行うスキルを身につけることも含まれている。

スプリント・ゼロでは、監査チームと業務チームの双方が協働して重要なリスクと管理ポイントを明確にする。つまり、業務部門が手助けして、不正が起こるかもしれない部分を明確化するのだ。

スプリントでは、チームが協働してリスクポイントを明確にする。短いセッションが2週間かけて行われる。プロセス全体、つまり計画立案から最終報告書までは、6〜8週間である。しかし監査チームは、人々を長い期間業務から引き抜くのではなく、業務部門人員と短い時間一緒に作業する。だから面談はスプリントと呼ばれる。

監査は、アプローチを改革しただけでなく、コミュニケーションの変革例でもある。監査チームは業務部門長を信頼できるアドバイザーという位置づけでコミュニケーションするのだ。

## 道具立て（スプリント、カンバン、MoSCoW）

業務チームと監査チームはスプリントのプロセスを通じて、協働でリスクポイントを明確にする。しかし、このアプローチは監査の論理に反しているようにも見える。不正を働いたかもしれない領域で監査を行おうというのに、容疑の対象となりうる相手に対してなぜそれを知らせるのだろうか？

監査チームは第六感を働かせている。監査ツールを使う際に、チームメンバーはスプリントで双方の人たちの反応をチェックし、分析も行っている。これらから警告シグナルを見つけることができるのだ。

監査が円滑かつ予定通りに行えるように、彼らはカンバンを使用している。アジャイルアプローチの中で業務フローを示すのに使われるホワイトボードだ。名前に聞き覚えがあるとしたら、カンバンは品質改善運動で使われていたからだ。監査中は誰の目にもカンバンが見えているので、全てのステークホルダーに対してリスクが可視化される。こうすれば、監査中に想定外のことは起こらない。業務チームと監査チームの双方ともがカンバンに沿った進行を心がけるからだ。その重要な利点は、監査が小単位に細分化されて、管理可能な部品サイズになることだ。またカンバンを使うことが監査に対する信頼を築き、それがスプリントなのだということを確認する助けにもなる。

スプリントの導入で、監査は「タイムボックス」単位の長さに分割されることになった。タイムボックスはアジャイル監査で使われる中核的なツールである。参加者はこれを使って、アクションの厳格な時間制限とチームメンバーの個々の提供物について合意する。彼らは会議が例えば30分間であると決め、そして会議の成果物が何かを宣言する。そうすると仕組み上、説明者はタイムボックスがあるために最も重要なことを優先せざるを得なくなるのだ。

またアジャイル監査期間中はタイムボックスが監査の所要時間を示すので、スケジュール通りに進めることにもなる。このツールは、監査に時間がかかりすぎて業務の阻害要因とならないことを、皆に対して強調しているのだ。それは旧来の監査アプローチでよくある苦情だった。

タイムボックスによって、チームは目の前のタスクに焦点を当てて生産性を向上させる。メンバーはより短い時限内により小さいアクションをとることになるからだ。また、参加する個人は、監査を停滞させた責任があるとカンバンにリストアップされたくないということもある。

職員は使える時間をいっぱいに使って仕事をしてしまう傾向がある。それは非常によく見られる行動で、名前までついている。パーキンソンの法則だ。タイムボックスはこの傾向を克服して、人々を正しい軌道上に維持するものだ。

アジャイルアプローチから採用されたもう1つのツールは、「MoSCoW（モスクワ）」と呼ばれている。MoSCoWによって、業務チームと監査チームの双方が、リスクポイントの適用に関して、どの活動が必須（Must: M）で、やるべき（Should: S）で、やることができる（Could: C）、あるいはやらない（Won't: W）かについて合意することが可能になる。このツールはなされるべきこととなすべきでないことという、同じくらい重要な判断を優先させて行うものだ。

アジャイル監査では「イシュー登録機（Issue Register）」も使われている。監査中の全てのイシューの記録である。これは、イシューの期分けとモニタリングに役立ち、とられた対応策がうまくいっているかトラッキングするものだ。また、イシューの影響を最小化する役にも立っている。

## エンジニア協会からの賞を獲得

ＤＢＳの監査部はその革新的なアプローチで表彰されているが、驚くべきなのはそれが銀行業界からではないことだ。そのエンジニアリング面での成功が、シンガポールエンジニア協会から選出された。２０１５年と２０１６年、同協会は監査チームに対して、テクノロジー・イノベーションの功労賞を授与した。

また２０１６年には、チームはASEAN優秀エンジニアリング達成賞を受賞した。シンガポールにおける不正取引の検知と防止に向けたデータ分析ドリブンのソリューション開発という、彼らが果たした役割に対するものだ。賞はASEANエンジニアリング組織連盟から贈られた。

## トレジャリー部門の監査

デジタル監査が特によく受け入れられたのは、トレジャリー部門だった。文字通り「時は金なり」の部門だ。

スプリントと新しい監査アプローチが全体として有効に機能したことで、ＤＢＳ銀行のおカネを取り扱うというトレジャリーチームの仕事から奪われる時間が最小化されたからだ。

## ＡＩの監査

監査チームは現在、ＤＢＳ銀行で幅広く採用されつつあるＡＩの監査に対応しようとしている。ＤＢＳ銀行が成長してシステムの導入が増え、より多くのデータのやり取りが発生するにつれて、パフォーマンスの向上を検証する必要性が増している。例えば、チャットボットをどうやって監査すればよいだろうか？　現行のアルゴリズムを監査するために、どのような新しいアルゴリズムが必要だろうか？

　こんにち、監査チームはその職員数を増やさずに、より速く監査を行えるようになっている。予測型監査を活用し、データを分析することを通じて、より効率的な活動方法を学んだからだ。

　アジャイル監査は、銀行が求めている新しい思考とアプローチのタイプを代表するものとなっている。それは「バンキングを楽しくする」に完璧に合致しており、同じくらい重要なこととして、職員にとって監査を楽しいものにしている。

　このアジャイル監査のストーリーは、ＤＢＳのトランスフォーメーション成功の要素と、銀行の学習する組織を受け入れる姿勢を詰め込んだものと言える。

注15　「スクラムのクリエイターたち、ケン・シュワーバー、ジェフ・サザーランド、スクラムガイド更新版」、Scrum.org、２０１７年11月17日
https://www.scrum.org/resources/creators-scrum-ken-schwaber-and-jeff-sutherland-updatescrum-guide-0?gclid=Cj0KCQjwt4X8BRCPARIsABmcnOonjHBtTLZ2FDcTSlw9fXuj31fn3y94d0_MSvW34XbpPKENZH6OGMaAp_6EALw_wcB

# 第16章

# 学習する組織になる

ＤＢＳは、職員たちが継続的に学習し、成長し、適応できるようにするためには、彼らの間に成長マインドセットを作り上げることが重要だと考えた。この信念が形を変えて継続的なイノベーション、成長、復元力の強さとなると同時に、個人のキャリアの復元力を強化することとなった。

新しく効果的な学習方法を手にするために、ＤＢＳ銀行はハッカソンのような経験的学習プログラムを新設した。これは、職員たちがスタートアップ企業や先進企業やプログラマーと協働して、大きなビジネス課題に対応するソリューションを試行する場である。銀行職員がリスキリングやアップスキリングを行うのを後押しするような施策も導入された。

以下に示すのは、よりよい学習組織となるためにＤＢＳ銀行が採用したベストプラクティス10件である。

早い段階で、費用500ドル未満の研修コースの受講についてはマネジャーの承認が廃止された。

## ベストプラクティス1
## 教育・訓練は上司の承認不要

早い段階で、費用５００ドル未満の研修コースの受講についてはマネジャーの承認が廃止された。職員に自らのスキル向上の権限を持たせるためである。これは、職員のエンゲージメント向上と自学自習として結実し、彼らに成長マインドセットを持たせることになった。

ただし、条件が１つあった。どの職員も研修受講後には、自分が学んだことを同僚に教えなければならないということだ。この慣行はＤＢＳ銀行の学習文化をより強いものにし、職員が新しいスキルを学ぶのをサポートし、自然なピアプレッシャー（同僚からの圧力）による制御装置として機能する。というのは、職員は同僚の面前で立ち往生したくないからだ。現在では、ＤＢＳの職員は６０００超のコースから選ぶことが可能になっている。

## ベストプラクティス２
## 学校への回帰

「デジタルウェーブ」の導入とは、銀行を全く考え直すことだった。そのことで職員は、新しい仕事を覚えることが必要になった。それには学習の文化が必要だった。

その結果出てきたのが「学校に戻ろう（Back to School）」という取り組みだ。グーグルの「ｇ２ｇ（Googler-to-Googler）」という相互教え合いのネットワークに触発されて、職員は自分たちの時間を注ぎ込んで同僚が新しいスキルを覚えるのを手伝った。「学校に戻ろう」プログラムで特徴的なのは、行内の特定分野の専門家が学校のような環境で教える上級特別クラスだ。教師役の中にはGANDALF 専門家がいた。彼らは最初に学んだ人々で、それから同僚に必要なテクノロジーアーキテクチャーを教えた。

２０１７年の開始以降、「学校に戻ろう」プログラムは１００名を超える教師を生み出すに至った。２０２０年には、参加者は９０００名を超え、短縮版ビデオの視聴は１１０００

学習は、個人のトランスフォーメーションのうちわずか10%に過ぎない。それを補う残りは実践である。

件を超えた。

## ベストプラクティス3
## 実践による学習

学習は、個人のトランスフォーメーションのうちわずか10%に過ぎない。それを補う残りは実践である。

「実践による学習」は「デジタルウェーブ」導入の早期に採用された。それは、人々にテクノロジーを理解させるのに教室で教えるだけではうまくいかないことが明らかになってからのことだ。

「実践による学習」は当初は変革チームによって推進されており、それはカスタマージャーニー、デザインシンキング、アジャイル、ハッカソンその他の活動に職員が参加するよう促すものだった。DBS銀行は試行錯誤が安全に行える環境をつくり出すことに注力した。失敗や思い切った予算要求に対して賞を与えたほどだ。

## ベストプラクティス4
# ハッカソンの導入

ハッカソンは2015年にDBS銀行に導入され、人々は実践から学習するものだという信念を強めている。ハッカソンは、職員に対してそれをただ実行するだけのプラットフォームを提供することを通じて、トランスフォーメーションを成功裡に実現する助けとなるものだ。職員は、デジタライゼーションが適用されると何が可能になるのか、どうすれば新しいソリューションが迅速に創出・導入可能なのかを実際に目にすることができた。

そして初期に実施したハッカソンで、早速勢いがついた。特に最初のハッカソンは、「デジバンク（Digibank）」の創出につながった。最初のハッカソンの参加者の何人かは、それは自分のキャリアをかたちづくる決定的瞬間になったと述べている。

DBSのハッカソンに対するアプローチは、参加者がデジタライゼーションとトレンドについてディスカッションすることで始まる。次いで、銀行外部のスタートアップ企業のアン

DBS銀行が実施した３つ目のハッカソンでは、ピユシュが設定したルールが１つだけあった。それは「参加チームの全てのDBS役職員の年齢は40歳を超えていなければならない」というものだ。

トレプレナーを参加者に入れて、２日間にわたってビジネス上の問題解決に取り組む。この２日間に、銀行員とアントレプレナーは、各々の強みを活用して、協働してテクノロジー・ソリューションを見つけようと課題への対応に取り組む。

ハッカソンはまた、この種のソリューション開発には６カ月という期間と何百万ドルの資金が必要だという経営陣の思い込みを変えるのに非常に役立った。

## ベストプラクティス５
# 40歳超のハッカソン実施

ＤＢＳ銀行が実施した３つ目のハッカソンでは、ピユシュが設定したルールが１つだけあった。それは「参加チームの全ての

ＤＢＳ役職員の年齢は40歳を超えていなければならない」というものだ。この40歳超のハッカソンは、デジタライゼーションは若手職員のものであり、年配職員はついていけないという思い込みをなくすために実施された。その思い込みが間違いだと分かると、人々は年配の世代の変化する能力を信じるようになった。

多くの企業が、年配の職員はデジタライゼーションに対応できないというマインドセットの克服に苦しんでいることを考えれば、これは非常にうまい方策だった。それはまた、７章で述べた「羊を狼に変える」というピユシュの願望を前に進めるものでもあった。

### ベストプラクティス6

## ＤＢＳグローバル・ハッカソン――パラダイムシフト

２０１９年には、ＤＢＳが67カ国から招いた１０００名以上の参加者が、総額10万米ドルの賞を求めて競った。このハッカソンの目的は、顧客中心アプローチを使って、アイデア創出、プロトタイピング、そして銀行への提案を行って最先端のサービスを開発することであった。求めていたのは、革新的で未来志向のソリューションだ。多くのテーマの中で特に掲げられたものは、ハイパー・パーソナライゼーション、日常の保険、リテールバンキングにおけるＡＩ、サステナビリティである。

３００を超えるチームが、銀行とそのパートナーからの74人のメンターと組んで取り組みを行った。彼らは17週間をかけて、機械学習、拡張現実、仮想現実、ＩｏＴその他を駆使して顧客経験を改善するような、実際に動くプロトタイプを開発した。ロシア、インドネシア、マレーシア、そしてシンガポールのチームが最終選考に進んだ。

48時間の最後のスプリントを終えて、「パラダイムを変革する」を掲げたマレーシアの３人のチームが他の11のチームを僅差で退けた。アイデアは、より包摂的なバンキングシステムの構築であった。

## ベストプラクティス7
## プレインキュベーター（Pre-Incubator to work）

それ以外のアプローチとして、ＤＢＳ銀行は、大部分はフィンテック外で活動するスタートアップ企業と協働するプレインキュベーターの仕組みを作った。ＤＢＳでは、こうしたプレインキュベーターのプロジェクトは投資とは見なされない。それらは開発機会として扱われる。

プレインキュベーターは３カ月のプログラムで、施設、メンタリングおよび約15社のスタートアップ企業へのアクセスが提供される。例えば、あるスタートアップ企業は竹の自転車を作っていた。別の企業はスーパーマーケットが好まない形の悪い果物の使い道を研究していた。

プレインキュベーターのアプローチでは、経営陣にとっても、チームへのメンタリングやピッチへの参加を通じてスタートアップ企業の活動への参加の機会が得られた。このアプローチは発展して成功例を生み出している。その中には、ＪＩＭ（訳注：Jobs Intelligence Maestro）という人事チャットボット、食事宅配（Facebook のメッセンジャー経由）やその他多くのソリューションがある。

### ベストプラクティス8

## Wreckoon（壊し屋ラクーン）――現状への挑戦

Wreckoon はＤＢＳの学習する組織としてのマスコットだ。このセルフサービスツールは、常に境界を押し広げて最良のアイデアと想定を試行するものとして機能する。

ＤＢＳでは、ネットフリックスのカオス・エンジニアリングのプレイブックを参考にしてそれを発展させて、セルフサービスツールの Wreckoon を創り出し、開発段階でアプリケーションの復元力をテストした。Wreckoon はあらゆる会議とプレゼン資料における必須要件

DBSでは、ネットフリックスのカオス・エンジニアリングのプレイブックを参考にしてそれを発展させて、セルフサービスツールのWreckoonを創り出し、開発段階でアプリケーションの復元力をテストした。

となっている。

銀行は、ビジュアルとしてハンマーを手にしたアライグマ（Wreckoon）のイメージを創作した。その足下には岩の塊があって、「現状（status quo）」と書かれている。このイメージは、立ち止まって新しいものの見方を促すことで現状に疑問を呈することを思い出させるものとして、会議の中で登場した。またこのイメージには「ところでWreckoonだったらどう言うだろう?」というコピーも入っていた。その後には思考を喚起する6つの質問が続いていた。

1. 最もリスクの高い想定は何か?
2. トレードオフは何か?

3. どんな間違いを犯しうるか？
4. データはどこにあるか？
5. つながりのうちで最も弱いのはどこか？
6. どんな機会を見逃しているか？

イメージの最下部にある「P.S.」（追記）では、「心理的安全性とは、誰もが声を上げて他人と異なる見方をすることを促すための安全な環境をつくり出すことだ」と述べている。

### ベストプラクティス9
## 人工知能と機械学習の導入

職員を未来に対応できる存在とするために、ＤＢＳ銀行経営陣はアマゾン・ウェブ・サービス（ＡＷＳ）と協働して人工知能（Artificial Intelligence: AI）と機械学習（Machine Learning: ML）の基礎スキルを有する職員をクリティカルマス数まで増加させることに取り組んだ。その目的は、ＡＩとＭＬの活用を銀行全体を通じて加速することである。

ＤＢＳとＡＷＳは共同で、DBS × AWS DeepRacer League（ディープレーサー・リーグ）をスタートさせた。ＤＢＳの職員は、一連の実践的なオンライン教育への参加を通じて、Ａ

ＩとＭＬに関する基礎を学んだ。次に彼らは自身で自動運転モデルのレースカーをプログラムすることで、その新しい知識を実際に使って試した。こうして作られたＭＬモデルは仮想のレース環境にアップロードされた。そこで職員たちは、モデルのテストと調整を行って、親善レースに参加した。

銀行の上級幹部を含む約３０００名の職員がディープレーサー・リーグに参加した。それはデジタル学習ツールとプラットフォームの拡大に向けた銀行の取り組みを補完するものであり、それによって職員たちはスキルを磨いて新しい知識を手にした。それは物理的にオフィスにいなくても可能だった。

### ベストプラクティス10

## 職員のリスキリング

２０１６年には、ＤＢＳ銀行の経営陣は、およそ１２００の職（例：テラー、コンタクトセンター人員等）が今後2～3年の間に消滅するであろうことを認識していた。彼らは自ら人員規模変更プログラムを開始して、個人の職に関する全体のスキルマトリックスを新たに描き出した。具体的には、現行のどの職が未来のどんな職に転換され、そこでどのようなスキルが求められるかを明らかにした。

２０２０年、ＤＢＳ銀行の経営陣はあらためて消滅する職について調べた。そこで明らかになったのは、３０００名の人員が影響を受けることと、彼らが別の職に向けて自分自身を変えることに積極的に取り組んでいることだった。

また２０１７年にＤＢＳ銀行は、職員のリスキリングを支援するために5年間で２０００万ドルを投資して、職員がデジタル世界で十分に働けるようなプログラムの開発に取り組んだ。このプログラムは多くの職員参加と、全ての職員のデジタルへの取り組みを促すものだった。それには以下のような施策が含まれていた。

・週７日24時間利用可能なＡＩ支援のｅラーニング
・イントラプレナー・プログラムやハッカソン等の経験に基づく学習。これによって職員は有給のサバティカル（長期休暇）、プロトタイプへの取り組み、自分自身のビジネス立ち上げが可能になった
・個々人の教育訓練に向けた１０００ドルの投資という形での資金や奨学金授与
・革新的な学習スペース。ＤＢＳアカデミーやDBS Asia X（イノベーションハブ）など

こうした取り組みの中に、２０１７年のDigiFYの開始も含まれる。これはモバイル学習プラットフォームとオンラインの教育コースで、主要な職員をデジタルバンカーに変革する

ことを目的とするものだった。

DigiFYは7つの領域のスキルを強化するものだった。アジャイル、データドリブン、デジタルビジネスモデル、デジタルコミュニケーション、デジタルテクノロジー、ジャーニーシンキング、リスク管理である。職員は3部構成の教育コースを終えると、自分たちが学んだ内容を同僚に教える資格を付与された。今ではＤＢＳ職員の80％超がこのカリキュラムを修了している。

もう1つの取り組みは、データヒーロー（Data Heroes）の導入である。データ分析能力を強化するためのプログラムだ。データヒーローは6カ月のプログラムで、集中的で実践的なカリキュラムを通じて職員にデータ翻訳としてのスキルとマインドセットを持たせるものであった。

また銀行は、DBS Xploreプログラムを通じて経験に基づく学習と試行を奨励した。職員が部門横断的なプロジェクトに参加して自らの能力を伸ばすものだ。全ての学習は、職員が顧客中心主義を念頭に置くようにしながら実施された。

# 第17章 顧客中心主義

顧客中心主義であることは、ＤＢＳ銀行においては単なるスローガンではない。それはＤＮＡの中に組み込まれている。日々の業務や課題解決の取り組みは、顧客のために「なされるべき仕事」を考え、新しいソリューションを見つけるためにカスタマージャーニーを用いることから始まる。

あるマネジメント学派は、職員に対して配慮すれば、職員は顧客に対して配慮するようになり、それは財務業績として保証されるとする。ＤＢＳでの哲学は、最初に顧客に配慮すれば、それが職員に配慮することにつながるというものだ。双方が相俟って、財務実績が実現されるのだ。

顧客中心主義であることは、組織全体を通じて顧客に奉仕することがこの上なく重要であることを補強するものとして３つ目の戦略原則の中に含まれている。これについて、リテールバンクと人事の２つの例を見てみよう。

### 顧客中心主義の例1

## より顧客中心となるリテールバンク

リテールバンク（Consumer Bank）はＤＢＳで最もよく一般の目にとまる部分であり、そのため、行われたデジタルトランスフォーメーションも全体の中で最も目立つものとなっている。

「バンキングをより楽しく」の導入をうまくガイドするために、リテールのチームは以下の３つの中心原則を明確にして、より顧客中心主義となるようにした。

1. 商品デザインは、デザインシンキングを使用し、顧客中心でなければならない
2. カスタマージャーニーは、電話、支店、現金なしでデザインされなければならない
3. ＳＴＰ（ストレート・スルー・プロセッシング）というエベレストへの登頂が実現されなければならない

顧客中心主義であることは、DBS銀行においては単なるスローガンではない。それはDNAの中に組み込まれている。

### 1．商品デザインは、デザインシンキングを使用し、顧客中心でなければならない

あらゆる商品グループとチャネルはこれらの原則を遵守して、チームメンバーの商品やサービスと、それらが顧客に届けられる方法についての考え方を刷新しなければならなかった。４Ｄｓのフレームワークはこのトランスフォーメーションを支援するツールとして認識され、同時にグループはデザインシンキングの活用が可能となった。

### 2．カスタマージャーニーは、電話、支店、現金なしでデザインされなければならない

リテールバンクのチームは、支店なしで

業務を行うトランスフォーメーションを目指していた。このことは、シンプルで容易であり、シームレスなオンラインのジャーニーの実現を意味する。それは顧客行動のインターネットやスマートフォンへのシフトを促すものになると考えられた。他方でこのことは、コールセンターに架電しない方向へ顧客を仕向け、金融取引のオンラインサービスやデジタル決済を活用することであり、その結果として現金の必要性をなくすものだった。

ＤＢＳ銀行は、現在でも支店を訪れたい顧客セグメントがあることを認識している。例えば、ＡＴＭで更新可能な紙の「ＰＯＳＢ通帳」を利用している顧客がいる（ＰＯＳＢ銀行は１９９８年にＤＢＳに買収された）。「電話なし、支店なし、現金なし」が中核的なデザイン原則である。

## 3．STPというエベレストへの登頂が実現されなければならない

銀行は、部門相互間にカベを築き（例えばリテールと法人）、さらに部門内の部同士の間にもカベを築くことで知られてきた。「フロント、ミドル、バックオフィス」という用語はバンキングではかつてよく知られた言い方だった。

しかし、デジタルドリブンな銀行では、この用語は存在しなくなるだけでなく、存在しえない。ビジネスは全体が1つとなって同じ方向に進まなければならない。そのためには、異なる部門を横断して構成されるチームが、アジャイルな組織文化の中で協働することが求め

ビジネスは全体が１つとなって同じ方向に進まなければならない。そのためには、異なる部門を横断して構成されるチームが、アジャイルな組織文化の中で協働することが求められる。

られる。

「デジタルウェーブ」の複数の施策は、リテールバンクがその業務遂行方法を変革するための体制と機会を提供するものだった。経営陣は「事務作業なし」への移行に焦点を当てており、それは全てを自動化するということであった。これはＳＴＰ（ストレート・スルー・プロセッシング）とも呼ばれるものだ。

ＳＴＰは銀行におけるもう一つのエベレスト登頂へのチャレンジであった。それは、ヒューマンエラーの可能性を排除し、顧客サービスを向上させ、コスト集約性を低下させるものだった。ＳＴＰというエベレスト征服のためには、過去にもシックスシグマ等の取り組みが実施されてきた。いくつかの取り組みは、その当時はかなりの前進を示したと考えられていた。ただそれらは現在では、デジタルドリブン銀行への変革の成功に対する重要性の点では色褪せて見える。

### 顧客中心主義の例２

## 社内的に顧客中心となった人事部門

顧客中心であることは、外部顧客向けだけのものではない。それは内部顧客向けでもある。「バンキングを楽しくする」の取り組み導入にあたって、人事部も自らのデジタルトランスフォーメーションを行った。それは以下の３つの柱に基づいて推進された。

・顧客中心主義となり、素晴らしい商品と経験を創出する
・職員のライフサイクル全体を自動化し、ＲＰＡ（ロボティック・プロセス・オートメーション）、ＡＩ、チャットボットを活用して人事業務をデジタル化する
・データドリブンとなり、データとそこから得られる知見を活用した意思決定を行う

３つの柱は、タレントを惹きつけ、維持し、仕事に向かわせるという面で、入社候補者と職員のライフサイクルに広く関わっている。それがもたらす重要な成果としては、オペレー

**顧客中心であることは、外部顧客向けだけのものではない。それは内部顧客向けでもある。**

ション効率性、リソース最適化、リスク中和、候補者と職員の経験を喜びあるものにすること等がある。

人事チームは、銀行のトランスフォーメーションの一環として、自ら人的資本分析ツール（Human Capital Analytics: HCA）を新たに作り上げた。ＨＣＡのチームは、あらゆる領域の人々の分析――レポーティングから予測モデリングまで――に対応すると同時に、採用、雇用維持、生産性に関する知見を提供している。

また人事チームは、職員向け価値提案として継続的に新しいプラットフォームを紹介することを通じて、職員のアップスキリングを主導した。現在では、プラット人事チームは、銀行のトランスフォーメーションの一環として、自ら人的資本分析ツール（Human Capital Analytics: HCA）を新たに作り上げた。

フォームは様々な形で提供されている。それに含まれるのは、離職予測のアルゴリズムの作成から、ＡＩリクルーターの創出と社内顧客のジャーニーの実施までと幅広い。

職員からのフィードバックと市場ベンチマーキング結果を統合して職員向け福利厚生を包括的に見直した後の２０１８年、人事チームはいくつかの追加施策を実行に移した。それには以下のようなものが含まれる。

・「iFlex$」：フレキシブルな経費給付
・「iHealth」：健康とウェルネス関係の情報ポータル
・扶養家族向け保険：銀行勤務中に死亡した職員の遺児育成の生活費用支払い支援

ＤＢＳの人事チームは、職員の期待と仕事の質の変化に合わせて、人々の生活を向上させるためにカルチャーの再設計に取り組み続けている。そのゴールは、銀行全体がよりデータドリブンでより楽しいものになる中で、金融面と非金融面の福利厚生のバランスをとることである。

# 第18章 データドリブン組織文化

「デジタルウェーブ」の開始時点からあった重要な要素は、どうすればＤＢＳ銀行がデータを活用してデジタル経験をGANDALF（グーグル、アマゾン、ネットフリックス、ＤＢＳ、アップル、リンクトイン、フェイスブック）の他の企業のレベルに引き上げ、データを活用して顧客から「すごい」という反応を得られる数と頻度を向上させられるだろうかということだった。

「バンキングを楽しくする」とは、俊敏で、非常に効率的で、常にイノベーションの先端に立ちながら、規模を拡大して非常に高い業績を上げるということだ。同時に、データドリブンであることが求められる。

アプリの評価が上がるか下がるかといったことは、「バンキングを楽しくする」の評価指標ではない。データと顧客が重なり合う部分で、従来では考えられなかったことが起こる。

「バンキングを楽しくする」とは、俊敏で、非常に効率的で、常にイノベーションの先端に立ちながら、規模を拡大して非常に高い業績を上げるということだ。

現在はＤＢＳ銀行のパフォーマンスは99％台まで計測されており、データが変換されて「デジタルウェーブ」の実現に必要な高い業績を生み出している。

データドリブン組織文化への転換における組織の最重要テーマは、顧客、リスク決定（信用リスクとオペレーショナルリスクの双方）、そして収益のためにデータの活用価値を最大化することであった。それらがテーマとなったのは、職員が日々の意思決定においてデータを活用するためと、ＤＢＳ銀行が、実現すれば飛躍的な成果を上げうるが、巨大で滅多にないような取り組みに乗り出そうとしたからだった。

**データと顧客が重なり合う部分で、従来では考えられなかったことが起こる。**

## データドリブン業務モデル「ＤＤＯＭ」

ＤＢＳ銀行では、「データドリブン業務モデル「ＤＤＯＭ（Data Driven Operating Model）」という用語を、データドリブン組織文化への組織変革を説明する略語として使用した。ＤＤＯＭは銀行内で、特にＡＩ活用の増加と軌を一にして進化した。

しかしながら当初は、データドリブン組織文化への転換は次の３つの柱から始まった。

### １．組織文化と組織能力の構築

データサイエンティスト、データ管理者（steward）、スター（champion）を輩出して価値創出を推進する中で、銀行を通じてスキルと組織文化を構築すること。

## 2. データ活用環境の整備

データに関するフリクションをなくして、高品質のデータの利用を容易にし、その管理をし続けること。

## 3. 目的に合致したデータプラットフォームの構築

拡張可能で、高セキュリティで、コスト効率の大きいアーキテクチャーとツールセットを構築し、それをデータドリブンな利用事例とともに組織に導入すること。

### データドリブン組織文化への転換の柱1

# 組織文化と組織能力の構築

データドリブン組織文化の創出では、データそのものよりも、銀行職員の行動の変革の部分が大きい。分析の仕組みは容易なところだ。取り組みが困難なのは、仕事へのアプローチを変えるように人々に働きかける部分だ。例えば、最初は、人々は自分たちのデータを守ろうとする意識が強く、データを共有したがらない。これを変えなければならない。

データドリブン組織文化の創出では、データそのものよりも、銀行職員の行動の変革の部分が大きい。

ＤＢＳ銀行では、データへのアクセスを自動化する（アクセスへの承認は不要）仕組みの開発に取り組んだ。データへのアクセスは、行内での各個人の地位とデータの使われ方によって決められた。

あらゆる国のあらゆる事業のあらゆる職員をデータドリブン組織文化に変革するというのは、野心的な目標だ。変革チーム（データオフィスはトランスフォーメーションオフィスの配下にある）は、小さな成功を生み出して、この新しい戦略的でデジタルな働き方への信頼を築くことを望んでいた。ＤＢＳ銀行がより多くの人々を能力開発するほど、データの利用が高まるであろうと考えられた。初期の成功の中には次の２つがある。

## よりよいデータがよりよい意思決定につながる

それまでにも長年にわたって、DBS銀行はビッグデータの利用と分析に注力してきていた。2014年には、シンガポール科学テクノロジー研究局と提携して、自身のラボ（研究室）を新たに設置し、局のデータサイエンティストが銀行員と共に働くようにした。よいアイデアを思い付いた銀行員は誰でも、研究室へのアクセスと試行の機会を与えられる形で支援を受けた。目的は、データ分析に参加するのが面白いと思ってもらうことだった。そして人々は四半期に1度、アイデア募集に応じるようになった。選ばれたアイデアはラボで「プレイ（お試し）」された。

こうしたアプローチが上からの押しつけでなかったおかげで、人々がデータ分析で何ができるかを学ぶことが促進された。ビッグデータ導入当初で、まだごく一部の人々しかその潜在価値を理解していなかった時期には、特にそうだった。そして、これが分析チームの基礎を築くことにつながった。

## データ収集によってクロスセルからクロスバイ（追加購買）へ

バンキングでは、顧客への商品のクロスセルは重要な機会である。クロスセリングとは、顧客獲得コストが非常に高いために、いったん顧客になった人に対して、DBS銀行がより多くの商品とサービスを販売しようとすることだ。

データ活用によって銀行の顧客やその行動の背景への理解が高まると、推奨を行うことが可能になる。職員の問いかけは、「収集されたデータから見て、商品を追加購買してもらうために、顧客を惹きつけるものは何だろうか？」というものになる。

クロスセリングからクロスバイへの転換には、利用可能なデータの活用が助けとなったが、転換点に至るにはかなりの労力と時間が必要だった。

### データドリブン組織文化への転換の柱2

## データ活用環境の整備

トランスフォーメーションチームが焦点を定めたのは、行内のあらゆる職員を促して、規模の大小や、基本的な分析かより高度な機械学習かを問わず、気楽にデータ分析を使えるようにすることだった。チームメンバーは最初の目標として、銀行全体で２００件のデータドリブンな取り組みを設定した。例としては、住宅ローン顧客の離反予測、顧客サービスセンターに架電する顧客の予測、ＡＭＬ（アンチマネーロンダリング）で誤って陽性と判断されるケースの削減などがある。

「国際貿易の成長と、アンチマネーロンダリングと不正防止の規制需要が見込まれる中、私トランスフォーメーションチームが焦点を定めたのは、行内のあらゆる職員を促して、規模の大小や、基本的な分析かより高度な機械学習かを問わず、気楽にデータ分析を使えるようにすることだった。

たちは現行のリスク管理プロセスの増強に積極的なアプローチをとることの必要性を強く感じています。私たちが開発した貿易アラートシステムは、銀行が貿易取引上の異常検出を行うためのより堅固なプラットフォームを創り出す一助となっています」

――ヤン・ピン（マネージングディレクター、テクノロジー&オペレーション[注16]）

もう1つの初期の取り組みは、データ報告を定型的な報告からリアルタイムの意思決定へと転換することであった。これは、スライド原稿を使ってヒストリカルデータの報告・説明を行うことに慣れてきた組織にとっては簡単なことではない。手始めとして、トランスフォーメーションチームのメンバーは、事業部門長に対して「目標とするのは何についての意思決定ですか？」と尋ねた。次いで、デザインシンキングを使って個々の事業における意思決定の改善に必要なデータの可視化に取り組んだ。

現行の報告資料からも、彼らがどんな意思決定をしているのかが理解できた。何が重要な意思決定項目なのかが明確化され合意されると、デザイナーたちはそれらの決定項目とそれに関して必要な知見をハイライトするダッシュボードのプロトタイプ構築に取り組んだ。その後、プロトタイプはテストを経て最終化された。

このアプローチによって、データを使わずに問題の解決を考えていた事業部門の従来のアプローチが変革された。重要な変化である。

データ活用が可能となった成功事例には、次のようなものが含まれる。

### 報告数の削減

分析チームは、銀行全体で発せられている月次報告の数を調べた。そしてチームはある演習を行った。全ての報告の発信をストップし、誰かがそのことを尋ねてくるかを待ってみたのだ！　次いでチームは、要求がなかった報告を廃止した。ワークショップを通じて、分析チームは職員を訓練して、自分でデータを抽出し、必要なレポートだけを作成させるようにした。

全ての報告の発信をストップし、誰かがそのことを尋ねてくるかを待ってみたのだ！

他の例では、人事チームが月に数件の報告を作成するのに時間を費やしていた。分析チームは人事チームと協働でその数を減らすことに取り組んだ。1度目の削減では満足できず、彼らは翌月に再び、全ての報告の発信をしないと決めた。要求が受け付けられたのは20件だけであり、要求のなかった報告は廃止された。現在、人事の全てのガイドラインと方針はオンラインで入手可能であり、最終的には完全ペーパーレス化となる計画である。

### 営業担当者（RM：Relationship Manager）の離職予測

初期のもう1つの成功例は、予測分析とモデリングを使って営業担当者（ＲＭ：リレーションシップマネジャー）が銀行を退職しようとしているタイミングを見つけ出すことだ。多くの銀行では、ＲＭの離職率が高い。当時、データは銀行内にあったが使われていなかった。分析チームと人事のメンバーは、ある種のデータでＲＭが離職しようとしているかどうかを予測できそうなことを見出した。それらは次のようなものだった。

・最初の病欠日とその休暇をどれくらい早くとったか
・教育訓練日数
・支店の配置場所
・月収
・離職パターン

職員が退職前に示した共通または個々の行動に関する６００のデータポイントが機械学習に投入された。どの人たちが３カ月以内に離職しそうかを示したモデルの精度は85％にもなった。

現在、このモデルは月次報告（デジタル・ナッジ）を作成しており、管理職に対して職員退職の可能性のアラートを出し、マネジャーが取りうる具体的なアクションを提示している。彼らがこうした是正行動を取ることで、銀行は通常なら退職していたであろう職員の

90％超を引き留めている。そして離職率を１％削減すると、銀行は５００万ドルもの節約になるのだ。

こうした成功が行内で知られるようになったことで、他の部門のリーダーたちは、データ分析を生産的に活用できる方法を詳しく検討するようになった。例としては次のようなものがある。

## 飛躍的な成果の創出

データ分析が銀行内で発展してくると、経営陣は以前よりも、データから飛躍的な成果を生み出す方法が分かるようになった。たとえば、データを詳細に調べることが、アプリの障害について、障害発生前あるいはコールセンターでの顧客照会対応の発生前に予測することの役に立った。それは顧客がそうした障害の存在を知る前でさえ可能だ。

現在ではＤＢＳ銀行はデータを活用して顧客の理解度を高め、それによって以下のようなことを行っている。

・顧客とこれまで以上にその行動や背景に沿ったかたちでつながる
・予測分析も含めて、顧客の行動や背景に沿ったかたちでサービスを提供する
・顧客が直面するあらゆる不具合を認識し修正する

・長期間の取引等に対してサプライズをもって顧客に報いる

分析チームは複数のアルゴリズムを開発して様々な課題を解決した。例えばクレジットカードの提案で、個々の市場とタイミングに最適なものは何か、といったものだ。また、カスタマー・サイエンスの活用に注力して、顧客の課題を予測し、顧客がそれに気づく前に除去することも行った。例えば、顧客が銀行アプリから行うあらゆるやり取りを行内で追跡して、顧客の使い方を注視した。「どんな行動をしたか？　離脱、ログオン／ログオフ等をいつ行ったか？」。こうしたデータを詳しく調べることで、それらをまとめてビジネスに活かし、「Prophet（預言者）[注17]」という名の時系列予測モデルを使って将来の不具合の可能性を見出した。

分析チームはまた、２つのグループ、つまりデータサイエンティストと翻訳者（訳注：ビジネス課題をデータ分析課題に、分析結果をソリューションに置換する役割）からなる研究拠点を新設した。２つのグループは事業部門長と協働してデータの価値の最大化に取り組んだ。

## アンチマネーロンダリング（ＡＭＬ）のデータ分析

データ分析は特にＡＭＬについて効果的だ。ＡＭＬでは誤検出が98％にまでなりうるからだ。誤検出は、特定の状況が発生していることが誤って表示される結果として生じる。

システムがアラートを発する度に、状況の精査が必要となる。そのため、分析チームは機械学習を使って、システムがフラグを立てた誤検出事例を見直した。マシンがＡＭＬのルールを学習するにつれて誤検出の数は減少し、真のケースに注力する時間の余裕が生まれた。

## 機械学習のスキル

銀行内の人々のアナリティクスの経験値が増すにつれて、そのスキルと意思決定の水準は向上した。また、具体的なパラメーターを要求することで、問題定義のレベルも向上可能になった。

これは特に機械学習について当てはまる。ユーザーが問題を明確に記述することが必要となるからだ。そうでなければ、人々は解くべき問題が分からないため、マシンについても同じことが起こる。

## どこでもデータ

職員は、利用可能なデータが常に一定程度あり、そこから始めて、後で追加データを取得できると理解するようになった。そのメッセージはこういうことだ。「データ上の制約があることをデータ分析が進められないことの言い訳にするな」

## 「データ上の制約があることをデータ分析が進められないことの言い訳にするな」

分析チームは職員に対して、簡単な分析ツールを少なくとも3カ月間使ってみて、分析のアウトプットを業務適用してみることを促した。チームが強調したのは、全ての分析が複雑で先進的なツールを必要とするわけではないということだ。

職員はほとんどの場合、マイクロソフトのExcel、Python、QlikViewといったツールを使って分析に着手することができた。銀行中の職員が、小さなお試しでツールを使ってみて、それがどう動くかを理解し、何を変える必要があるのかを理解することができた。これで勢いと牽引力が作られたことが、初期の成功へとつながったとみられる。

## ダッシュボード文化

　こうした最大級の牽引力の一つは、２０１７年に、ダッシュボード文化へと向かう銀行の動きに伴って登場した。自動化されたダッシュボードによって報告が行われたのだ。なぜこの方が良かったのだろうか？　理由は、ＤＢＳ銀行の経営陣が意思決定会合の場で、スライド資料よりも一貫性を持って設計されたダッシュボードを見たかったことに尽きる。その目的は、データを可視化して理解しやすいダッシュボードに変換し、それによって職員たちがより生産的で、よりよい意思決定ができるようにすることだった。

　加えて、自動化ダッシュボードを創り出すことで、報告作成にかかるかなりの労力が解消された。そして、事業遂行方法として「何でも」ダッシュボード化を行うことが、「この企業のやり方は他とは違う」というメッセージをあらゆる人の意識の最上位に植え付けた。

## データ重視設計

　分析チームは大規模・小規模のデータドリブンな取り組みを同時に進める中で、大きな取り組みの多くが導入までに何年かを要することを知った。チームはデータ拡張を第一とする一方で、継続的な改善と学習を続けていた。同時にチームは、データドリブン分析を通常業務化し、機械学習がプロセスの一部に組み込まれて最大の価値を発揮するよう取り組んだ。

またチームは、銀行全体を通じた基本として、「データ重視設計（Design for Data）」を組み込むことに着目していた。その意味は、例えば、デザイナーが新しい機能やアプリを構築する際にはいつも、アプリを先に稼働させるのではなく、最初にデータのことを考えるよう求められるということだ。チームメンバーは、「データがあったら良かったのに」と決して後から言われたりしたくなかったのだ。

現在ではDBS銀行は、成果を最大化するためには、機械学習と先進的アナリティクスを人間の直観力と組み合わせる必要があることを理解している。また、データとデジタルダッシュボードを使って、カスタマージャーニーのあらゆる段階の可視化を行っている。このことが、問題発生を予防し、顧客とのつながりを収益的に保つのに役立ち、その結果DBS銀行の「ウォレットシェア」を増大させることが可能となっている。

## ウォレットシェアの向上

デジタルによる可視化の利点は、データを深掘りし、その結果としてよりよい意思決定が可能となることだ。データによって経営陣は、収益や利益増強に関するあらゆる仮説を確認することができる。

デジタルへの旅路を始めた時点で、DBS銀行はデータベースとデータウウェアハウスを設置し、株主価値の創出という観点でデジタルトランスフォーメーションが意味するものの計測を始めた。デジタル活動のレベルを可視化することを通じて、経営陣は収益の増加、コストの削減、そしてその結果としての自己資本収益率の改善状況を辿ることができたのだ。

データを時系列で詳しく調べることで、経営陣は、顧客が従来型の取引からデジタルに移行すると、銀行の収益成長が加速するという結論を得た。また、顧客がデジタル取引を続ければ、従来型取引を続けていたり、デジタルから従来型取引に戻る顧客よりも、その個人から得られる収益の成長が大きかった。

データを信頼できるものにするために、経営陣はそれが特定の要因の影響を受けないようにすることも必要だった。例えば「従来型取引からデジタルに移行した最富裕顧客層に大きなコホート（共通因子を持つ集団）があるか？」といったことだ。もしそうなら、保有する仮説が正しいかどうか確認するために、時系列データを詳細に調べる必要が生じただろう。実際、結果が示していたのは、それは相関関係というよりは因果関係だということだった。つまり、顧客がデジタルに移行すると、彼らの対銀行活動が増加するので、収益の増加と利益の増強に資するということだ。

また顧客データによってＤＢＳ銀行は、どの顧客にデジタル移行を促して、どの顧客にデジタルと従来型チャネルの双方が必要かを理解することが可能になった。例えば、最上層のプライベートバンキング顧客はデジタルチャネルを使うかもしれないが、彼らは意思決定に際してＲＭ（営業担当者）からのアドバイスにも大きく依存し続けることもありうる。

現在の銀行は、データ分析と人工知能（ＡＩ）能力の強化によって、ハイパー・パーソナライゼーションの推進に注力している。

### データドリブン組織文化への転換の柱３

## 目的に合致したデータプラットフォームの構築

ＤＢＳ銀行はデータプラットフォームを新たに構築して、自らをデータ主導型組織に変革し、直観的に使いやすい商品とサービスを組織に提供した。

### ロボティック・プロセス・オートメーション（ＲＰＡ）

２０１７年の末、ＤＢＳ銀行はＩＢＭと提携してＲＰＡ活用の研究拠点を創設した。その意図は、銀行全体に広がる数多くのビジネスプロセスを最適化することだった。

### チャットボット「ＨｉＲｉ」

２０１８年には、人事部門が「ＨｉＲｉ」を導入した。ＡＩを活用した職員向けチャットボットで、人事関連事項に関して簡単で即時で個人に合わせた回答を年中無休で提供するものだ。このセルフサービス型チャットボットは、休暇の残り日数についての職員からの確認最も成功した実験でありデータ活用でもあるものの１つが、JIMである。

電話対応のような日常的な作業を軽減した。またこれによって人事の職員は、より戦略的な活動に注力することが可能になった。

### AIリクルーター「JIM」

最も成功した実験でありデータ活用でもあるものの1つが、ＪＩＭ（Jobs Intelligence Maestro の短縮名）である。２０１８年、ＤＢＳ銀行は東南アジアで最初のバーチャル採用ボットを導入して、資産形成プランニングマネジャー採用の効率化に乗り出した。

その年ＤＢＳ銀行は、急速に成長しつつあるウェルスマネジメント事業を支援するために、40％多くの資産形成プランニングマネジャーを採用した。応募者数が増加したことで、採用担当者は情報収集と電子メールへの回答に自分の時間の20%を費やし、それからやっと絞り込んだ候補者との面接を行うといった状況だった。人事チームはプロセスを簡素化する方法を探した。

またＤＢＳ銀行は、例えば文化的背景、出身校、あるいは成績の平均点だけであっても、それらから来る先入観のリスクをなくしたいと考えていた。リクルーターと応募者にとって、採用ジャーニーを「楽しい」ものとすることも重要な推進要因だった。

ＪＩＭは、履歴書のチェック、インタビューの質問に対する応募者の回答の収集、心理面評価の実施といった事前選抜プロセスを自動化した。

ＤＢＳは「impress.ai」というスタートアップ企業とコラボレーションした。様々な課題への対応と、この4人のスタートアップ企業との情報共有面でのセキュリティ上の懸念を乗り越えるのには12カ月を要した。人事部門はコラボレーションのプロセスで新しいスキルを獲得した。今や人事部門の多くの人員が、チャットボットのコーチであると自称できるようになっている。

現在ＪＩＭは、履歴書のチェック、事前選抜用の質問に対する応募者の回答の収集、心理的プロファイリング評価の実施、質問への回答に対応している。その恩恵は数多い。

・年中無休：ＤＢＳ入社の応募者は、どの曜日の何時であっても申し込みが可能だ。勤務時間に抜ける必要はない。プロセスは応募者にとってより手間がかからず、行内的にはリクルーターの時間が40時間／月ほど節約されている。

・バイアスの排除：応募者はＤＢＳ銀行についてと、その組織文化と環境についてもオンラインで確認可能だ。ジョブディスクリプションのビデオを鑑賞してＪＩＭに質問することができる。そこで理解できたものが良いと判断できれば、次の段階へと進むことができる。

・事前選抜：銀行はデータ分析を活用して、営業成績トップ人材のプロファイルを構築した。その知識から、人事部門における応募者評価の方法に関する情報が得られる。例えば応募者はある状況を設定した質問に回答することで、難しい顧客への対応能力を示すことになる。

・心理特性評価テスト（Psychometric Test）：応募者は心理特性評価テストを受けるに当たって、自分にとって最も都合の良いタイミングで実施する自由度がある。ＪＩＭ導入以前は、この段階での脱落率は50％であり、その理由は応募者が直接テストを受ける時間がないとか、採用担当者が最後までフォローできないといったものだった。

無事にテストを終了した応募者は、面接の予約をするよう案内を受ける。

さらに、新規雇用者の試用期間は３カ月から６カ月に変更され、対象者が営業実績を上げるための時間が与えられた。モデリングで明らかになったのは、３カ月は成果を出す期間としては短すぎるということだった。

ＪＩＭの導入とこれらの変更によって、銀行の新規雇用営業担当者の離職率は27％から18％に低下した。

## イメージ認識アプリケーション「ＱＩＲＡ」

ＱＩＲＡは銀行が開発した労働力集中管理センター用のボットで、カスタマーセンターが多忙な際に電話の待ち行列についてアラートを出すものだ。ＱＩＲＡの導入、すなわち最初のキックオフから実運用に入るまでの期間は６カ月であった。

ＱＩＲＡはＲＰＡを活用して現行の管理センターのデジタル化と自動化を行うことで、リソースの最適化をリアルタイムで実施した。それによって、作業負荷の管理と配分がより効率的となり、その結果、負荷平準化の速度は６倍にまで上がった。この改善によって職員は、リアルタイムトレンドや顧客改善提案の分析等の付加価値業務により多くの時間を振り向けられるようになった。

## データレイク「ＡＤＡ／ＡＬＡＮ」

ＤＢＳのＡＩのプロトコル（ＡＬＡＮと呼ばれる）は、以下のような標準的なプロトコルの確立を目的としている。

・反復型改善をサポートする共通機能の利用可能化
・リユース可能なアセット創出の促進

　ＡＬＡＮは銀行全体を通じたベストプラクティスの利用を促進し、様々なツール利用に関するリスクの追跡と管理の水準を向上させた。（訳注：ＡＤＡ（Advancing DBS with AI）は、データ活用の全プロセスを容易化するためのエンドツーエンドのプラットフォームの名称）

## 管制塔（Control Tower）

「管制塔」はカスタマージャーニーをリアルタイムでモニタリングするために導入された。それはつまり、空港のようなスタイルの管制塔を設置するということであり、数人の人々を配置することで銀行のテクノロジー活動全体を運営するというものだ。

　彼らはあらゆるものに目を配っているが、唯一求められるのは、例外事象の発生にリアルタイムで対応することだ。チームは、空港方式の管制塔によるリアルタイム対応の必要について次のように説明した。「昨日の要求に基づいて、今日滑走路に落ちている異物（デブリ）を確認することは無理な話なのです」

「管制塔」はカスタマージャーニーをリアルタイムでモニタリングするために導入された。

管制塔のチームメンバーの一部はリアルタイム管理を行っており、データを活用してオペレーション全般の例外事象に対応している。管制塔の他のメンバーは、データを分析してカスタマージャーニーを改善し、リスクの監視と管理、および制御を行うことを通じてビジネスの拡大をサポートしている。つまり、日常的に業務を回すということだ。現在、チームはそのミーティングを「管制塔ミーティング」と呼んでいる（当然ではあるが）。

管制塔ミーティングでは、職員は複数の重要テーマに関する状況や進展について検討する。それには以下のようなものがある。

・需要状況と要員管理

・カスタマージャーニーと顧客行動
・実行中の実験とキャンペーン
・システムの健全性（スマート通知やアラートを含む）
・問題発生予防

管制塔の存在価値は、顧客収益性の拡大と、職員がより楽しく仕事に向き合えるよう方向づけることだ。管制塔はまた、キャンペーンの最適化、顧客固定化への最善ルート（"golden path" to adherence）、予防的問題解決、労働力の自動化、リアルタイムでの知見獲得、そして事業運営における競争優位性といったものも提供している。

現在、ＤＢＳ銀行では統合され拡張性のあるデータプラットフォームを構築しており、４００名超の分析ユーザー、分析サンドボックス、価値ベースの成果取り込みを加速するデータファクトリーを擁している。活用可能なデータの60％はシングルソースからアクセス可能になっている。ＤＢＳ銀行では予測テクノロジーを活用して、顧客に適切なタイミングで適切なオファリングを行い、具体的なアクションへとデジタルで顧客を誘導できるようにしている。

またＤＢＳ銀行では分析の取り組み拠点を設置した。そこでは１５０件を超える先進的な分析の取り組みが行われており、１８０００名を超える職員がそれに携わっている。その中には、データ活用の訓練を受けた１０００名を超えるリーダーと、データ翻訳者として機能する１４００名を超えるデータヒーローが含まれる。

注16 「DBS、ビッグデータ分析を活用して取引の異常を削減」、DBS.com、２０２１年4月15日参照
https://www.dbs.com/newsroom/DBS_leverages_big_data_analytics_to_reduce_trade_anomalies

注17 プロフェット（Prophet）はフェイスブックのオープンソース予測ツールで、PythonとRで利用可能。高速で完全自動化された予測ツールで、データサイエンティストとアナリストの手作業を転換可能。詳細は https://facebook.github.io/prophet を参照のこと。

# 第19章 実験とリスクテイク

従来のバンキングの考え方は、リスクを低減するというものだ。しかし、ＤＢＳのトランスフォーメーションや他のあらゆるデジタルトランスフォーメーションの一部として、経営陣はリスクテイクを「奨励」したいと感じていた。スタートアップ企業のように行動し、実験を進んで取り入れるというものだ。

自分の仕事とボーナスを守りたい職員たちは、安全に事を運ぶことを覚えてしまっていた。ＤＢＳが「デジタルウェーブ」を定着させるためには、その正反対が求められていた。

職員に対して実験とリスクテイクを促すために、以下のようなアプローチがとられた。

従来のバンキングの考え方は、リスクを低減するというものだ。しかし、DBSのトランスフォーメーションや他のあらゆるデジタルトランスフォーメーションの一部として、経営陣はリスクテイクを「奨励」したいと感じていた。スタートアップ企業のように行動し、実験を進んで取り入れるというものだ。

### リスクテイクを促すアプローチ1

## 安全に実験できる環境の創出

リスクテイクと失敗を奨励する組織文化を創り出すにあたって、経営陣が必要としたのは、手本を示して導くことと、正しい期待を持たせることだった。

まず手を付けたのは、職員に対して、直近に実現した成功のどんな部分についても責任を負わせないことだった。このことで人々は、あらゆるレベルの変革に参画し、挑戦で認められることへと背中を押されることになった。また、人々のエネルギー、創造力、イマジネーションを解き放つことにもつながった。これは特に、カスタマージャーニーとデータトランスフォーメーションのような領域で有効であると判明しまず手を付けたのは、職員に対して、直近に実現した成功のどんな部分についても責任を負わせないことだった。

た。

経営陣は、失敗への恐れがどれだけイノベーションを阻害するかも認識していて、成功に至るまでにはいくつか実験して失敗することも必要であることに気づいていた。

失敗への恐れを排除して実験を行う安全な環境を創り出すにあたって、ＤＢＳ銀行は心理的安全性の概念に基づくアプローチを行った。心理的安全性のコンセプト[注18]は、ハーバード・ビジネス・スクールのノバルティス寄附講座でリーダーシップと経営論を担当するエイミー・エドモンドソン教授が開発したものだ。

以下に示すような変革の成功例が示すように、ＤＢＳの経営陣は誰もが実験に取り組める安全な環境の創出に熱心に取り組んだ。

## 顧客のコールセンター習慣の変革

コールセンターに関する実験で興味深いのは、顧客を銀行に電話をかけるというよりも、オンラインのデジタルソリューションへと移行するよう促すものだ。この実験は、電話をかけた顧客に次のようなメッセージを流すことから始まった。「より早くご質問にお答えするデジタル方法をお望みであれば〔1〕を押してください」。押した顧客には、銀行のウェブサイトが案内される。デジタルにリダイレクトされる受電量が多くなったことで、顧客により早く対応することが可能になると同時に、コールセンターのコストが削減された。この案内が導入される前には、オペレーターは通常の文章を話して、一定の空き時間を入れてから、「そうでない場合はこのままお待ちください」という2つめのメッセージを案内していた。

実験では次いで、メッセージの2つめの部分が2度流される前に空ける最適の時間をテストした。1秒のものと5秒のものだ。5秒のものでは、1秒のものに比べて9%ほど多くの顧客がウェブサイトを訪問した。それからチームは、5秒間の空白に「待ち行列を避けましょう」という言葉を追加して試した。この言葉の追加によって、デジタルの選択肢を選ぶ人がさらに6%ほど増加した。

次に彼らは、空白時間を10秒とし、音楽を流すことを試した。さて結果は？　人々は音楽を楽しんだので、デジタル選択肢の選択率は上がらなかった。最も高い結果が得られたのは、２つのステートメントの間の５秒の空白にプロンプトを入れたものだった。ライブチャットとソーシャルメディアを使ってサービスにつながる顧客が増えたため、２０１９年のコールセンター受電量は８％低下した。

## 店舗でのバーチャルリアリティ活用

この実験では仮想現実（バーチャルリアリティ：ＶＲ）を顧客向けに導入した。ＶＲゴーグルを装着した顧客は自分が望む20年後の未来のライフスタイルに没入できるので、リタイアに向けてどれだけの貯蓄金額が必要かを計算できる。

没入経験では主要支出ライフスタイル領域を通して顧客をガイドする。それらは外食、交通手段、旅行そして家計の４つの支出である。そして顧客は、自分たちが望む生活品質を実現するのに必要な退職資金を計算し、自分たちのゴールに向けて進み始められるのだ。

## ビデオテラーマシン（ＶＴＭ）

２０１９年、ＤＢＳ銀行はシンガポールで最初のビデオテラーマシン（ＶＴＭ）の展開を始めた。ＶＴＭでは顧客用の個人ブースが提供され、マシンを経由して取引を行うことができる。それ以外にも、銀行支店ではなくオペレーションセンターにいるテラーからフェース・

トゥ・フェースでサポートを受けられる。ＶＴＭは24時間週7日間の対応が可能で、例えば銀行カードとセキュリティトークンに取って代わるものとなる。

ＤＢＳ銀行は当初、若手職員をＶＴＭに配置して実験を行った。それは新テクノロジーは年配職員よりも若手に合うだろうという想定からだった。しかし実際には、年配職員でもスカイプ利用に馴染んでいた者は、ＶＴＭのサポート人員になりたがった。

## オンライン連続ドラマ『スパークス（Sparks）』

ＤＢＳ銀行が、失敗に対する寛容を伴う実験文化を発展させたことは、連続ドラマ『スパークス（Sparks）』の創出につながった。

ＤＢＳのスパークスをネット上で見たことがなければ、読み進められる前に一見をお勧めする。フェイスブックかYouTubeで視聴可能だ。このネット上の連続ドラマは現実の顧客ストーリーにヒントを得たもので、ＤＢＳ銀行の存在意義を訴える重要なメッセージをソーシャルメディアの世界で提供している。マーケティングチームはこうした方法で、心を動かす印象を与える適切なストーリーを送り出すことができる。

スタートアップ企業の文化の精神と実験への欲望を受け入れることで、チームはこのアイデアを推進して、ピユシュの承認を獲得した。この慎重に計算された賭けは、素晴らしい成果を上げた。ピユシュはシーズン1のエピソード8にカメオ出演までしており、有名なクリケット選手のサチン・テンドルカールはシーズン1と2で採り上げられている。

この連続ドラマは、銀行の個性を見せ、その最も重要なメッセージを伝える方法として素晴らしく革新的だ（例：フィンテックのディスラプション、ＤＢＳ基金の仕事、仕事よりも生活の優先、等々）。スパークスが始まって以降、ＤＢＳは制作のために自社スタジオを立ち上げた。

ピユシュの説明によれば、スパークスではマーケティングに関する全く新しい考え方が必要だった。それはトップダウンで推進されるものではなく、むしろマーケティングチームの中から生まれ出たものだ。彼が価値があると述べたのは、スパークスを通じてコンテンツとソーシャルメディアが一体となり、強力なブランディングが実現されたことだった。

スパークスは2シーズンで、２７６０億ビューと５０００万のエンゲージメント（「いいね！」、コメント、シェア）を獲得した。またその影響は、ＤＢＳ銀行がオンラインで受け付けた質問の10％近くに及んだ。例えば、２０２０年のＤＢＳのウェブサイト訪問数は、２０１９年よりも40％増加した。人々がスパークスをカッコいいと思ったことから、それは採用ツールとしても役立った。

スパークスは、業界初の試みという称号を得た。この連続ドラマは最初の年に、アジア太平洋最優秀映画・ビデオ賞を受賞した。２０１７年10月には、グローバル Efma－アクセンチュア・２０１７年流通＆マーケティングイノベーションアワードの金賞を獲得した。ＤＢ

Sにとって初めてとなるこの受賞は、銀行が強調した実験の重要性を、別の方法で示すことになった。

２０１８年、シンガポール建国50周年祝賀の一部として、シンガポールのリー・シェンロン首相は銀行の先駆者たちと職員に敬意を表した「スパークス・ザ・ミュージカル」の観劇に参席した。シーズン２は１億４４００万ビューを超えて人を惹きつけ、ＤＢＳのウェブサイト訪問数はシーズン１と比べても２倍の数字を生み出す助けとなった。

ＤＢＳ銀行が実験文化を発展させてリスクテイクを受け入れていなければ、スパークスは決して承認されることはなかっただろう。このことは、銀行員たちが、通常とは異なる顧客の問題を解決する際に、どうすれば現状にチャレンジして想像を超える結果を出すことができるかを示している。また、顧客にとって何が重要かを理解すると同時に、バンキングが日常生活とシームレスに統合可能であることを示すことへのＤＢＳ銀行のコミットメントも反映している。

## リスクテイクを促すアプローチ２
## エンパワーメント

ＤＢＳの経営陣は、配下チームを通じて「デジタルウェーブ」を浸透させていくと同時に、様々な方法で職員をエンパワーし、実験を奨励した。以下に示す３つのケーススタディが、素晴らしい事例を提供してくれる。

## ＰＯＳＢスマートシニア

シンガポールのリテールバンク職員は、まだ開拓されていない２つの市場をターゲットにしたいと考えていた。学校と軍隊だ（シンガポールでは兵役は男性の義務なので、対象人口は相対的に大きい）。政府高官との会議でＤＢＳ銀行が言われたのは、それはシンガポールで最も難しい領域のうちの２つに挑もうとするものであり、成功することはないだろうということだった。

それでも、経営陣はチームをエンパワーして、同国の学校のデジタル化を始めた。教育省と学校の校長たちに加え、教師、親、子ども、そして販売業者に話して理解を得ることも行った。そうすることが、１つのパイロット学校から承認を得るだけのために必要だったのだ。

この困難なチャレンジは、多大な時間と労力を要する可能性があった。しかしＤＢＳ銀行は実験マインドセットを自らのものとしており、経営陣は「１０００の花を咲かせる」（中国語の表現で「多くの機会のタネを蒔く」という意味）ことを望んでいた。

学校のデジタル化というアイデアは急速に進化して、前出の「スマートバディ」と呼ばれるプログラムになった。その導入が成功裡に終わった後、別の政府官僚がＤＢＳを呼んで、高齢者向けに同様のプログラムができないかと尋ねた。それは例えば、認知症を患った人々が徘徊してどこにいるか分からなくなった場合のトラッキングを可能にするものだ。

高齢者向けの問題解決の依頼は、ＰＯＳＢスマートシニア（POSB Smart Senior）の創出につながった。高齢者向けに開発された総合的な健康と決済のプログラムとして世界初である。その特徴は新しいスマートデバイスのＰＯＳＢスマートスリーブ（POSB Smart Sleeve）であり、交通、決済、運動、位置ベースの追跡といった様々なライフスタイル機能にわたるものだ。

## 職員がコールセンターアプリをデザイン

ＤＢＳコールセンターアプリのデザインは、ＤＢＳ銀行が職員に権限を委譲してオペレーションの改善につなげた建設的な事例である。

２０１５年、リテールのコールセンターは顧客に関して重要な悩ましい問題が5つあるのを見出して、その解決に乗り出した。チームは、これらの問題を解決しようと、オープンソースツールを活用して独自のアプリを組み上げた。アプリは、全てのコールセンター職員の間に1つのコミュニティを生み出して、パフォーマンス指標を統合するのに役立った。それによって職員たちは、自分自身の実績を追跡して管理できるようになったのだ。

コールセンター職員はさらに先に進んだ。自分たち自身の報酬システムを構築したのだ。

その結果はどうなっただろうか。アプリは職員たちが顧客の問題を解決するのに役立っただけでなく、早い段階でデジタルへの取り組み感を醸成し、「バンキングを楽しくする」ために何ができるかを示すこととなった。アプリはその後、ＤＢＳ銀行の他のコールセンターにも導入された。

このアプリはそこからさらに発展して、シフトの入札機能も取り込んだ。従来のシステムでは、職員は自分たちが働かなければならないシフトを指示されていた。つまり、彼らはオフィスにいてスケジュールを確認し、スケジュール変更交渉の場にもいる必要があったのだ。しかし、アプリのこの機能によって、職員は自分のシフトを自宅から確認し、特別なイベントのためにシフト変更が必要な時には入札に応じられるようになった。アプリはその日のうちに回答を返し、職員はそれを大変気に入っている。

### クレジットカード年間手数料

バンキングでは、顧客からのクレジットカードの年間手数料の免除依頼がよくある。これに対応して、ＤＢＳ銀行はコールセンターのチームに免除の可否を回答する権限を与えた。その結果、手数料免除数は一定レベルに落ち着いた一方で、サービスレベルは上昇した。顧客は、「後ほど別の者が回答いたします」と告げられるのでなく、すぐに回答をもらえたからだ。

また、顧客が少額の件で苦情を申し立てた場合、たとえそれが1ドルであろうとも、コールセンターは、問題解決の承諾を得るために関連部署にかけ合わなければならなかった。現在では、コールセンター職員は、１００ドルまでであれば、顧客の変更依頼に対応した修正を行う権限を付与されている。この変更によって、職員エンゲージメントとプライドが向上した。それは、彼らがその場で修正のアクションをとることが可能になったからだ。

こうした変更は、ＤＢＳ銀行が職員に対する信頼を実際に示して強化し、「バンキングを楽しくする」ことにつながっている。

## リスクテイクを促すアプローチ3
## 報奨による正しい行動の後押し

職員への対応の道程の一部として、ＤＢＳ銀行は様々な賞を導入して、職員の正しい行動を奨励するようにした。そのうち２つを以下に紹介する。

### 「ありがとう賞」（〝i-TQ〟(I Thank You) Award）

これはオンラインでのピアツーピア（当事者間で直接）での感謝のプログラムで、銀行内（国外も含む）の誰に対してでも「ありがとう」を言えるものだ。シンプルで自律的であり、失敗を恐れずにリスクをとれるような安全な環境を拡大しようと、DBSでは「よくチャレンジしたで賞」（Dare to Fail Award）を新たに設けた。

上司の承認は不要である。

職員はみなiTQポイントを2000ポイントほど持っていて、1回につき100ポイントをデジタルポータルを通じて同僚に渡すことができる。ポイントを渡す時には必ず、DBSの企業価値につながった個人的なメッセージを添える。ポイントを受け取った職員は、それを幅広いベネフィットプログラムから選んで引き換えることができる。例えば健康厚生活動のようなものだ。

## 「よくチャレンジしたで賞」（Dare to Fail Award）

失敗を恐れずにリスクをとれるような安全な環境を拡大しようと、DBSでは「よくチャレンジしたで賞」（Dare to Fail

Award）を新たに設けた。この賞は、試行段階で早期の成功を達成した人に対して、それを肯定的に認めて、職員たちに新しいアイデアの創発を促すものだ。

ピユシュは、正しい行動を奨励するための方法として、社員集会の場で「よくチャレンジしたで賞」を表彰して紹介した。また彼は2～3カ月毎に新しいプロジェクトをレビューして、複数の成功や失敗を行内に紹介した。受賞しているのは、実験全体のうち約10％である。

ABCDEの5文字のスタートアップ企業文化、すなわちアジャイル（Agile）、学習する組織（Be a learning organization）、顧客中心（Customer Obsessed）、データドリブン（Data driven）、そして試行（Experiment）は、ＤＢＳのＤＮＡの中に深く根付いている。

「デジタルウェーブ」導入期間中、経営陣は、関与するコミュニティで自分たちが果たす役割をきちんと理解していた。このことが第3のウェーブである「サステナビリティウェーブ」のスタートにつながった。

## 考えるべき質問

1．デジタルトランスフォーメーションの導入のために、正しいアクションをとることを奨励するような環境をどうすれば生み出せるか？

2. 自社の文化をどのように変える必要があるか？
3. デジタル化に向けて職員のマインドセットの何を変革する必要があるか？
4. 組織の官僚体質をどうすれば低減できるか？
5. どうすれば、会議をより効率的・効果的にすることができるか？
6. 職員に実験を奨励するにはどんなことが起こる必要があるか？
7. どうすれば心理的安全性の文化を生みだせるか？
8. 失敗を奨励する賞としてどのようなものを設置できるか？
9. どうすれば、全組織機能と職員階層にわたってアジャイルを導入できるか？
10. どうすれば、組織全体を通じてデータファーストの文化を生み出せるか？
11. 組織全体でデータ活用をするためにどのようなガバナンスを導入する必要があるか？
12. どのようにして、データを戦略とオペレーションの意思決定の中核に据えるか？
13. 職員のデータ活用能力を向上させるためにどのようなスキル訓練が必要か？

注18 「職場における心理的安全性の創出」、HBR. Org、２０１９年1月22日 https://hbr.org/ideacast/2019/01/creating-psychological-safety-in-the-workplace

第20章

# サステナビリティウェーブ

最近、ＤＢＳはそのビジョンを、「世界のベストバンク（the best bank in the world: BBIW）」から「世界をより良くするベストバンク（the best bank for a better world: BBBW）」へと変更した。経営陣は銀行自体よりも大きなビジョンを生み出そうとしていた。この変更が、「サステナビリティウェーブ」のスタートにつながった。不公平性、新しい社会規範、そしてこの惑星の未来に焦点を当てた取り組みである。これらイシューの全てが、21世紀にきわめて重要なものとなりつつある。

サステナビリティウェーブを通じて、銀行は自らが活動するコミュニティにおける不公平性を是正することを目指している。

## 新しいビジョン

ＤＢＳの経営陣は、「世界をより良くするベストバンク」という新しいビジョンにたどり着いた。それは、以下のような重要要素を考慮したことによるものだ。

1．ＶＵＣＡ
2．社会経済状況の断絶
3．企業に当てはめられる「ヒーローvs.悪役」の枠組み

### 1．ＶＵＣＡ

ＶＵＣＡは一般的なビジネス用語となっており、企業が直面する変動性（Volatility）、不確実性（Uncertainty）、複雑性（Complexity）、そして曖昧性（Ambiguity）を指すものだ。この用語は冷戦時代、つまり第二次世界大戦の終戦からソビエト連邦が崩壊した１９９１年までにわたる時代のさ中に米国陸軍で生まれたものだ。

企業は絶え間なくＶＵＣＡ的な事象に対応している。内部的なものや外部のもののいずれもあり、それらからマイナスまたはプラスの影響を受ける。ＤＢＳの経営陣は、現実のＶＵＣＡ事象によって意思決定の複雑性が増していると認識していたため、銀行と自らが活動するコミュニティの双方にとってよい意思決定をしたいと考えていた。

## 2. 社会経済状況の断絶

２０１８年のこと、オックスフォード飢餓救済委員会（Oxfam）は次のようなステートメントを発表した。「社会的、政治的、そして開発上のイシューとしての不公平性が公共的なアジェンダの最上位に上ってきている。それは社会面、環境面、経済面でのサステナビリティを損なう影響を及ぼし、それが貧困、不安、犯罪そして外国人排斥につながることが広範に明らかとなり、認識されている」[注19]ステートメントはまた「この問題に対応する最善の方法は何だろうか？」とも問うている。

２００８〜２００９年の世界金融危機の後、社会経済状況の断絶がより明らかとなった。加えて、「持てる者たち」と「持たざる者たち」との間の緊張状態が高まった。世界金融危機の２〜３年後に起こった「ウォール街を占拠せよ（Occupy Wall Street）」運動は、世界

DBSにとって、目的は同業者との競争（有限ゲーム）を超えるものとなろうとしていた。それは絶え間なく発展するものであり、そのプロセスの中でさらに大きなものとなった。つまり「世界をより良くするベストバンク」（無限ゲーム）である。

の富の1%を持つ人々と、富の99%を支配している人たちとの差異を浮き彫りにした。

そして2020年、Covid-19のパンデミックが不公平性を新たな高みに持ち上げて示し、個人、社会、そして経済の脆弱性が露わになった。その中には、可能な景気刺激策や、コロナウィルスワクチン供与における新興国と発展途上国の違いも含まれている。

「パンデミックは国々の中にある社会経済的な断絶を際立たせ、政府は財政資源を貧困層に向けざるを得なくなっている」――ピユシュ（CEO）[注20]

## 社会経済的な断絶への対応方法に関する

議論は、２０２０年のサイモン・シネックの書籍『The Infinite Game（無限ゲーム）』[注21]でハイライトされた。

ＤＢＳにとって、目的は同業者との競争（有限ゲーム）を超えるものとなろうとしていた。それは絶え間なく発展するものであり、そのプロセスの中でさらに大きなものとなった。つまり「世界をより良くするベストバンク」（無限ゲーム）である。

ＤＢＳは、バンキングは十分に大きな目的を有するものなのかを自問し続けながら、同時に世界をより良くするベストバンクになるための方法も認識している。

・現実の人々になすべきことを行って、その生活を豊かにする
・ビジネスを変革し成長させる
・コミュニティを支援して改善する
・社会全体に対して責任を負う

サステナビリティウェーブ創造に向けて戦略をシフトさせたことは、ＤＢＳの経営陣にとって、一歩下がって自分たちが誰の、そして何のために働いているのか、それは株主（shareholder）なのかステークホルダー（stakeholder）なのかを問うことへとつながった。

これは、「株主資本主義」の利点と、最近言われるようになった「ステークホルダー資本主義」との間の論争を際立たせるものだった。

株主の観点からは、株主にもたらす価値を最大化することが企業の責任である。したがって、社会的な効用についての責任は政府に属するもので、政府の方が企業よりもその役割に適しているとする。

ＤＢＳの経営陣は、株主価値とステークホルダー価値の間にトレードオフが見られるのは、つまるところ時間の問題であると理解していた。短期的には目に見えるトレードオフがあるかもしれない。しかし、社会的な営業許可（social license to operate）の必要性と、時間軸が拡張されることを考えれば、両者の間のいかなる相克も消え去ることになる。長期的視点を持てば、株主を含む複数のステークホルダーをサポートすることが、行うべき正しいことだ。このアプローチをとれば、両者が相容れないと考える必要はない。

株主のために働くことからステークホルダーのために働くことへと移行したいという企業の望みを実現するためには、企業の目的について新しいステートメントを創出することが必要となる。

## ３. 企業に当てはめられる「ヒーローvs.悪役」の枠組み

ＤＢＳ銀行が正しい方向に動きつつあるとの認識が強まったのは、２０１９年のこと、米国の１８１人のＣＥＯが企業目的声明（the Statement on the Purpose of a Corporation）[注22]に正式に署名した時だった。ＣＥＯたちはこれによって、自分たちの企業が株主より多くの人々に便益を与えることにコミットした。彼らはステークホルダーの利害の重要性を株主利益と同等にまで引き上げたのだ。

参画したＣＥＯたちは、目的（purpose）と利益（profit）は常に競合するのか、それとも両者は共存しうるのかについて議論した。彼らが合意したのは、個々の企業はそれ自身の企業目的に奉じると同時に、全ての企業は全てのステークホルダーに対して根本的なコミットメントを共有する、ということだった。具体的には、このリーダーたちは以下についてのコミットメントを宣言した。

・職員に投資する
・顧客に価値をもたらす
・サプライヤーを公正で倫理的に処遇する

## 短期的な利益だけに焦点を合わせるのではなく、コミュニティ全体の価値創出を目的とするのだ。

・自らが活動を行うコミュニティをサポートする
・株主に長期的な価値を生む[注23]

「この新しいステートメントは、現代の企業において可能かつ必要な運営方法をより適切に反映したものです」――アレックス・ゴルスキー（ジョンソン＆ジョンソン会長兼ＣＥＯ）[注24]

調査によれば、レベルの高い目的を掲げる企業の業績は、市場全体を５〜７％ほど上回っていると、２０１９年のハーバード・ビジネス・レビューの論文で、クローディーヌ・ガーテンバーグとジョージ・セラフェイムが述べている。[注25] この結果は、クラス最高のガバナンスとイノベーションを有する企業と肩を並べるものだ。

ＤＢＳの経営陣は、パーパスドリブンであることが重要だとビジネスが認識することの必要性を明確に設定した。短期的な利益だけに焦点を合わせるのではなく、コミュニティ全体の価値創出を目的とするのだ。同時に彼らは、ビジネスリーダーたちは規制と市民社会からの２つの営業許可が必要なことを理解する必要があることで合意している。

長期的には、市民社会はＤＢＳが正しい価値を提供することを信じるに違いない。そしてその価値はＤＢＳが何世代にもわたって存在するのを助けるものとなるだろう。

過去10年間の全てのウェーブを通じて示されてきたように、ＤＢＳの経営陣は多大な労力、時間そしてエネルギーを投下し続けて、個々のウェーブがうまく実行されるようにしてきた。サステナビリティウェーブもそれに含まれる。同様に、よりよい世界を創造するというアイデアも、ＤＢＳの精神の奥深くに根づくことになった。

## サステナビリティウェーブの3つの柱

パーパスドリブンな銀行となるために、経営チームはトランスフォーメーションを推進する3つのサステナブルな柱を明確にした。それらは次のものだ。

・責任あるバンキング（Responsible banking）
・責任あるビジネス慣行（Responsible business practice）
・社会的インパクトの創出（Creating social impact）

## 1．責任あるバンキング（Responsible banking）

DBS銀行は、公正で責任ある方法でビジネスを行うと同時に、持続可能な発展を促進する商品・サービスの提供に向けて努力している。以下はその例である。

・2019年、DBS銀行はあらゆる国の石炭火力発電所に対するファイナンスを停止した。
・DBSは顧客がよりサステナブルな低炭素ビジネスモデルに移行するのを支援する融資手法において、レスポンシブルファイナンシングを採用した。これは同時に、顧客のESG（環境：Environmental、社会：Social、企業ガバナンス：Corporate Governance）投資に対するアクセスの改善に焦点を当てるものでもある。DBS銀行はESGリスクの緩和に向けた十分な体力や能力を有していない顧客に対するファイナンシングは、ＤＢＳ銀行と社会にとって有害となりうることを認識した。

・ＤＢＳ銀行経営陣は、気候変動と、低炭素経済の実現を促進し支援するのに必要となる目標に、融資と資本市場活動を通じて焦点を当てている。気候関連リスクは、ＤＢＳ銀行が顧客に対して実施するＥＳＧリスクアセスメントの一部と考えられている。

・ＤＢＳ銀行の信用リスク政策にはＥＳＧイシューを取扱うための原則とアプローチが組み込まれている。同行では、サステナビリティ・リンク・ローンのような、環境や社会への影響を改善するインセンティブを企業に提供するサステナブルな金融商品を導入している。例えば２０１９年にＤＢＳは、ＰＴスマトラ・ティンバリンド・インダストリー（PT Smatera Tinverindo Industry、インドネシアの高級木製ドアの主要製造業者）とパートナーシップを結んだ。両者は共同で、インドネシア初の輸出金融向けサステナビリティ・リンク・ローンを創出した。融資は、認められた調達先からの原料材木の調達能力に基づいて評価される。森林管理協議会（Forest Stewardship Council）が認定した原材料が出荷されるごとに金利が減免される。

・サステナビリティウェーブの初期の成功の中に、ヘヴェアコネクト（HeveaConnect、天然ゴム製品のデジタル売買マーケットプレイス）と共同で創設したエコシステムプラットフォームがある。天然ゴムのサプライチェーンにトレーサビリティと透明性をもたらすものだ。ＤＢＳはアグロコープ（Agrocorp、農産品および食糧統合ソリューション提供の主要企業）とコラボレーションしてブロックチェーンの売買プラットフォームを創出した。それはアグロコープのサプライチェーンへの参加者に対して、より高い効率性、コストの低減、そして透明性を提供するものだ。

・一般的に、銀行の経営陣は、環境や社会に適した慣行を採用するよう顧客に促してきた。現在ＤＢＳ銀行では、あらゆる融資の申し込みについて、営業担当者（ＲＭ）が個々の借り手に対してＥＳＧリスクのチェックを行っている。また法人顧客の評価も実施しており、企業現場の訪問や認定証を求めたりすることもある。

２０２０年、ＤＢＳの責任あるバンキングでは、以下のような出来事があった。

・サステナブルファイナンスが80％超増加し、サステナブルファイナンス案件は50件で96億ドルとなった。目標は、２０２４年に５００億ドルである。

・不動産開発および投資会社であるHongkong Landは、現行の5年間で10億香港ドル（17億５８００万シンガポールドル）のリボルビング・クレジット・ファシリティ（訳注：日本ではコミットメントラインと呼ばれる）をサステナビリティ・リンクト・ローンに転換することで合意に達した。

・運用資産残高（AUM: total asset under management）の8～10％はサステナブル投資に振り向けられている。
・主要産業の顧客が低炭素経済に移行するのを支援する取り組みの一環として、サステナブルおよびトランジション・ファイナンス・フレームワークとタクソノミー（分類）を導入した。銀行によるものとしては、世界初のその種のフレームワークとして認められている。
・新たな食品廃棄物ゼロキャンペーン（Zero Food Waste campaign）を支援して、20トンを超える食品廃棄物を削減した。このイシューに関する認知を高め、従来であれば廃棄されていた余剰食品を再配分した結果である。
・96億ドルのサステナブルファイナンス取引を成立させた。前年比で81％の増加となる。
・DBS銀行は、ブルームバーグによるグリーン融資のアジアリーグテーブルで1位にランクされた。
・ダウ・ジョーンズ・サステナビリティ・インデックス（アジア太平洋）に3年連続で指名された。
・FTSE4Good グローバルインデックスに4年連続で指名された。

DBSはまた、金融にアクセスのなかった人々に対して金融を利用可能にする取り組みにも注力している。世界銀行によれば、世界中で約17億人が基本的な金融サービスへのアクセスを有していない。このセクターに対応するため、ＤＢＳは従来のマイクロファイナンスの手法を使わず、自らの独自の金融プラットフォームを利用することで金融をよりアクセシブルなものとした。その中には、ＡＩの活用、モバイルプラットフォーム、ブロックチェーンなどが例として含まれる。同行のデジタルファイナンスプラットフォームでは、より低い取引コスト、容易な新規口座開設、十分サービスを受けていなかったセグメントへの対応拡大が可能になる。

　本書でここまで紹介してきた取り組みの多くは、サステナビリティウェーブの中でも部分的に推進されてきている。その中には以下のようなものがある。

・スマートバディは世界初の校内預金・決済サービスであり、子どもたちが手首に装着するものだ。それによって子どもたちは金融に対する認識を高められる。
・ＤＢＳのデジポートフォリオ（digiPortfolio）は、内部開発によるハイブリッドのヒューマン－ロボ投資ソリューションであり、富と投資の民主化を支援するものだ。

　ＤＢＳ銀行はレスポンシブルファイナンスに総額で１５０億ドル以上を提供しており、それはサステナブル・リンク・ローン、再生可能・クリーンエネルギー関連融資、そしてグリーン融資に向けられている。グリーン融資は、エネルギー効率性、汚染防止や類似領域で適格とされたグリーンプロジェクトに対してのみファイナンスを行うものである。

## 2. 責任あるビジネス慣行(Responsible business practice)

DBSは調達のサステナブル化に関して、職員エンゲージメントの強化とコラボレーションへの取り組みによって、業務運営の改善を目指している。焦点は「最も重要なリソース、つまり人々とともに、正しいことを行う」ことだ。その2つの事例が、「職員トランスフォーメーション賞(Workforce Transformation Award)」の創設と「いつでもフィードバック(Anytime Feedback)」の導入である。職員たちが成長して自分たちの仕事を改善する方法についてアドバイスを求めることを良しとするものである。

それに加えて、職員にはESGでの訓練が提供され、責任あるファイナンスについて理解を深められる。例えば、営業担当者や顧客リレーション担当者は、具体的に人身売買や現代の奴隷制についての研修を受ける。目的は、新しく出てきたイシューへの認識を高めることと、早期警戒信号とコミュニティとの関係性に対する職員の理解を増進することだ。

DBS銀行の責任あるビジネス慣行には、職員が、より上を目指したりリスキリングに投

## 焦点は「最も重要なリソース、つまり人々とともに、正しいことを行う」ことだ。

資することでスキルを伸ばすことができるようにして、次第にオープンな文化を築いていくことが含まれている。

またＤＢＳ銀行は、ジェンダーや文化の多様性も受け入れている。例えば、インドでは女性職員向けのプログラムが導入された。「EmpowerHer」というそのプログラムは、女性の学習と成長を支援するものだ。iHealth@DBSプログラムも開始された。職員に生活、食事、住居、そして貯蓄の改善を促すものだ。

ＤＢＳ銀行は、職員が自発的にサステナブルなイベントに参加することも奨励している。例えばインドでは職員が、アメリカヒルギ（Rhizophora mangle: 赤マングローブ）の苗木２００株を植えるボランティアを行っている。また環境フットプリントを削減する取り組みも支援している。

「サステナビリティは常に人々、地球、そして利益の近くにあるものです。私たちは本当に長い間、人々について考えるのを忘れていたのだと思います」――ミッケル（チーフ・サステナブル・オフィサー）[注26]

## 3．社会的インパクトの創出(Creating social impact)

ＤＢＳ銀行は、社会的企業や事業という、２つのボトムライン（２つめのボトムラインはポジティブな社会的インパクトという点での組織の成果を測るもの）を有する存在を支援し、自らが活動するコミュニティに還元を行うことで、「善の力」となることを目指している。

シンガポールの国家創立50周年と時を同じくして、ＤＢＳ銀行は２０１４年に５０００万ドルの資金でＤＢＳ基金を創設した。これは、地域で拡大しつつある社会的ニーズに対応しようというＤＢＳ銀行のコミットメントの表れだった。具体的には、社会起業家を支援し、良きことを行おうとする事業を奨励している。そのゴールは常に、アジアの包摂性を高めることだ。

基金は、ＤＢＳ社会的企業パッケージという２００９年に開始された事業領域でなされた活動に基礎を置いている。ＤＢＳ社会的企業パッケージは、社会的企業に対して低コストのバンキングソリューションを提供する。口座開設にあたっての最低残高をゼロとするとか、優遇金利での無担保ローンの提供といったものだ。

プログラムは、新規事業チャレンジ、学習フォーラム、助成金支援、高スキルのボランティアによるメンタリングに対するファイナンスなど多岐にわたる。こうした方法で、ＤＢＳ銀行は社会起業、つまり、利益を上げるという財務的ボトムラインだけでなく、社会的インパクトのボトムラインをも有するビジネスを支援しているのだ。社会への関心に対応することで、同行は無数にある社会的問題の解決において重要な役割を果たしている。

具体的には、ＤＢＳ基金は次のような活動をしている。

・コンペティション、課題チャレンジ、ブートキャンプ、ワークショップ、学習フォーラムを通じて社会的企業を支援する
・助成金ファンディング、組織能力強化、メンターシップ等を通じて、将来性のある社会的企業を育成する
・ＤＢＳ銀行の組織文化と業務の中に社会的企業（訳注：障害者など雇用を得にくい人々を

優先的に雇用する企業）を統合する

２０１９年、基金は、シンガポール経営大学とのパートナーシップで、第1回のＤＢＳ基金社会的インパクト賞を発表した。同賞が対象とするのは、サステナブルで、スケーラブルで進取的であり、重要な社会的問題に対応して、未来の都市をより包摂的で、健全で、グリーンなものとするビジネスソリューションである。

基金は60社を超える社会的企業を地域で支援しており、５５００万ドルを超える助成資金が、ヘルスケア、社会的包摂、環境保護、廃棄物マネジメント、食糧サステナビリティといった分野に投下されている。ＤＢＳ基金が支援する社会的アントレプレナーの８人は、２０１８年と２０１９年の『フォーブス』誌の「30歳未満の30人」のリストに選出された。２０１９年には、シンガポールの首相が、様々なイシューに取り組む社会的企業の支援活動を行ってきた基金を表彰した。

しかしながら、責任あるビジネス慣行の創出という道程は簡単なものではなかった。それが特に当てはまるのは、あるサステナブルな開発ゴールの追求に向けての利害対立が明白な場合だ。例えば、産業が全体として与えるインパクトがプラスかマイナスかを決定する際には、ネットインパクトのアセスメントが重要になる。しかし、一貫した評価基準が容易に入手できるわけではないので、線引きをするのは簡単ではない。

それでもＤＢＳは、自行融資の効果を可視化するインパクト測定フレームワークの開発に向けた取り組みを行っている。１つの例は、パーム油顧客に対して厳しいＥＳＧ要件を課して、環境的・社会的問題の低減につなげたことだ。そして、サステナビリティウェーブの取り組みは、ＤＢＳのCovid-19パンデミックへの対応の仕方で厳しいテストに晒されることになった。それは次章で論じる。

## サステナビリティへの取り組みに対する表彰

ＤＢＳのサステナビリティウェーブへの取り組みは、以下のようにすでに認められている。「社会的企業の年間チャンピオン（企業の部）」では初代の勝者として指名された。ブルームバーグのジェンダー平等インデックス（４年連続）、およびダウ・ジョーンズ・サステナビリティ・インデックス（３年連続）の１社となった。

ＤＢＳ銀行は「エクエーター原則（Equator Principle）」[注27]を採用している。同原則は、環境的、社会的課題がある案件に対するファイナンス供与に関係して実施されるデューデリジェンス（適正性評価）に関するものである。銀行は、国際金融公社の達成基準（International Finance Corporation Performance Standards）に準拠したデューデリジェンス手順を厳格に順守している。

注19 エマ・シーリーほか、「均等化：極端な不公平性を終わらせるとき」、Oxfam、２０２１年４月16日参照
https://s3.amazonaws.com/oxfamus/www/static/media/files/even-it-up-inequality-oxfam.pdf

注20 「アニュアルレポート２０２０」、ＤＢＳ、２０２１年４月16日参照、Ｐ12
https://www.dbs.com/annualreports/2020/index.html?pid=sggroup-pweb-investors-pdf-2020-stronger-together

注21 サイモン・シネック、『The Infinite Game（無限ゲーム）』、New York: Portfolio Penguin、２０２０年

注22 「ビジネス・ラウンドテーブルが企業の目的を『全ての米国人に奉仕する経済』に再定義」、Business Roundtable、２０１９年８月19日
https://www.businessroundtable.org/business-roundtable-redefines-the-purpose-of-a-corporation-to-promote-an-economy-that-serves-all-americans

注23 Ibid.

注24 Ibid.

注25 クローディーヌ・ガーテンバーグ、ジョージ・セラフェイム、「トップＣＥＯ１８１人が、企業には利益を超えたパーパスが必要と認識」、ハーバード・ビジネス・レビュー、２０１９年８月20日
https://hbr.org/2019/08/181-topceos-have-realized-companies-need-a-purpose-beyond-profit

注26 「ＥＳＧインサイダー」、Ｓ＆Ｐグローバルポッドキャスト、２０２１年４月16日参照
https://podcasts.apple.com/us/podcast/esg-insider-a-podcast-from-s-p-global/id1475521006

注27 「エクエーター原則」、ウェブサイト、２０２１年４月16日参照
https://equator-principles.com/

第21章

# Covid-19パンデミックへの対応

世界的なCovid-19パンデミックは、あらためてＤＢＳ銀行が社会に対して果たす役割にスポットライトを当てた。

善の力となることの証しとして、Covid-19パンデミック発生の最初の年の間、ＤＢＳ銀行は個人、企業、コミュニティ、そして職員に対して様々な支援方策を繰り出した。その主な焦点は、同行が強いコミットメントを発しているように、安楽、癒し、そして支援を提供することだった。

ＤＢＳ銀行の主要な支援への取り組みは、リテール顧客への支援提供、法人顧客へのキャッシュフロー支援の提供、同行のデジタルソリューションを活用した顧客の支援、職員の団結、コミュニティにおける役割の全う、そしてオペレーショナル・レジリエンスの発揮と幅広い在宅勤務の実施を中心とするものだった。

これらの顧客へのコミットメントは以下の取り組みによって支えられている。

1．The DBS Stronger Together Fund（「ＤＢＳと共に、より強く基金」）
2．コミュニティの責任ある一員であること
3．社会的企業に対するキャッシュフローとスキル訓練を通じた支援強化

## 1．The DBS Stronger Together Fund（「ＤＢＳと共に、より強く基金」）

「ＤＢＳと共に、より強く基金」は、アジア地域を通じてCovid-19で大きな打撃を受けたコミュニティを支援する目的で、１億５０００万ドルの資金で設立された。基金は感染した人々に対して、４５０万食の食事とケアパックを提供した。また、診断検査キット、個人用防護具やその他の医療用品の調達を支援してCovid-19との戦いを援助した。ＤＢＳの経営陣は、団結することで皆がこの危機を乗り越えてさらに強くなるという信念を示した。

またＤＢＳ銀行は市場に対して様々なかたちで対応した。その中には以下のようなものがある。

・シンガポールでは、人々が提供するのと同額の寄付金を拠出して、高齢者、低所得家庭、

移民労働者向けに70万食を超える食事を提供した。

・香港では、地元慈善団体にリソースを提供して、高齢者および感染リスクの高いコミュニティに対する福祉プログラムの拡張を支援した。

・中国では、感染のあったコミュニティに対して約１７０万食の食事を提供した。

・インドでは、ＮＧＯと協力して公衆衛生インフラの規模を拡大し、恵まれない人々向けに無償で検査を行った。

・インドネシアでは、足元の不足状態に対応して医療用品と検査キットを寄付した。

・台湾では、生活困窮者向けに５万８５０食の食糧パックを寄付した。全ての製品は社会的企業から買い上げられた。

企業の競争力維持を支援するために、ＤＢＳ銀行は顧客のビジネス能力をオンラインで訓練して向上させた。例えば同行の「オンラインＳＭＥアカデミー」[注28]では、すぐに利用可能な知見を業界専門家が特集して、イノベーション、ブランディング、貿易金融、デジタルでのキャッシュマネジメント、ソーシャルメディアでのエンゲージメントといったテーマを提供した。

パンデミック期間中の他の企業と同様、デジタルインターフェイスの採用に抵抗していたＤＢＳの顧客企業も、彼らの下にやってきた。例えば、パンデミックのためにデジタルチャネルを使おうとＤＢＳ銀行にやってきた60歳超の人たちの数は４倍になった。

## 2. コミュニティの責任ある一員であること

ＤＢＳ銀行の経営陣は、自分たちの責任の重さを認識してさらに踏み込んで、この厳しい時期に困窮している人々に金融面での救済を提供した。ＤＢＳは次のような役割を演じている。

・キャッシュフロー支援の提供。パンデミック期間中の最大のニーズの一つである。
・借入コストの低減。例えば、要件を満たす顧客に対して、クレジットカードローン（金利が20％超のレンジにある）を、実質金利が上限８％のローンへと転換した。
・少額借入顧客に対する新しい種類の融資の提供。例えば、シンガポール政府は一部の中小企業融資について、80～90％までリスクをカバーするところまで踏み込んだ。このことが、少額借入者に対して銀行が融資を提供する能力を大幅に引き上げた。この施策下で、ＤＢＳは１２００件を超え、金額では10億ドルとなる融資実行を承認した。
・顧客のデジタルでのバンキング実施を支援。これは必要不可欠のものとなった。ロックダウン期間中に、エッセンシャルサービス以外の企業は在宅で業務を行わなければならない状況となったからだ。職員が自宅で勤務するのであれば、銀行取引を行うために支店に出向かなければならないままなのはナンセンスだ。例えば、ＤＢＳ職員は顧客の貿易金融のデジタル化を支援した。それは物理的な書類に大きく依存していたからだ。

・オドル（Oddle）とファーストコム（FirstCom）というシンガポールのテクノロジースタートアップ2社と協業して、食品飲料企業顧客がオンラインでのプレゼンスを確立するために、デジタル店舗、電子メニューの構築やソーシャルメディアへの露出を支援した。
・いくつかの大手シンガポール政府機関の決済手段変更を支援した。彼らはシンガポールにおけるロックダウン開始から1カ月が過ぎないうちに小切手の数を減らす必要を感じたため、支払い手段を変更しようとＤＢＳに助けを求めたのだ。

### 移民労働者向け口座開設

シンガポールで発生した難しい課題の一つが、大部屋生活をしている移民労働者の中でのCovid-19パンデミックの急速な感染拡大だった。パンデミック前、この比較的小さなセグメントは銀行の重点対象となっていなかった。しかしながら、移民労働者の隔離の必要性はバンキング上の問題となった。というのは、この集団は物理的な銀行支店を通じて、自分たちの家族に現金を送金する習慣があったからだ。

デジタルソリューションの提供に向け、DBSはシンガポール政府と協力して、4万件を超える外国人デジタル口座を週末1回のうちに開設した。

デジタルソリューションの提供に向け、ＤＢＳはシンガポール政府と協力して、４万件を超える外国人デジタル口座を週末１回のうちに開設した。それで移民労働者たちは隔離期間中もデジタルバンキングサービスを利用できるようになった。人材開発省（Ministry of Manpower）の支援を得て、ＤＢＳの職員たちはデジタルＫＹＣ（Know Your Customer：本人確認）を実施し、口座詳細データを取り込めるようになった。口座が開設されたことが電子的に通知されると、労働者たちはPOSB Jollyとして知られるバンキングアプリを使って送金を行うことができた。アプリには、英語、バハサ・インドネシア語、ベンガル語、中国語、タミール語の5カ国語のオプションがある。このアプリのダウンロード数は50万件を超えている。

## 3．社会的企業に対するキャッシュフローとスキル訓練を通じた支援強化

ＤＢＳはシンガポールにおける３６０を超える社会的企業の金融アクセスを強化して、キャッシュフロー問題の軽減と、業界における雇用の保護を手助けした。ＤＢＳ基金は国中の社会的企業向けに50万ドルの追加ファンディングを約束し、ＤＢＳ銀行はビジネスとデジタルトランスフォーメーションの講座への参加を無償とした。

Covid-19発生から数カ月が過ぎた後も、ＤＢＳ銀行は顧客支援を続けている。救済手段としては、口座関連手数料、各種のクレジットカードローン、追加的な就学援助保険、児童向けオンラインビデオベースのライセンス供与などがある。

### ラストワンマイル――最後の10％

パンデミックへの対応の結果としてＤＢＳ銀行が理解したのは、顧客が必要な全ての活動をオンラインで完結できないということだった。バンキング活動の90％がすでにデジタル化されていても、ラストワンマイルとして残るプロセスへの注力は時間との競争だった。それ

が、リテール顧客と中小企業顧客の双方が自宅から安全に銀行取引ができ、何の障壁もなくバンキングサービスの利用を楽しめることになるからだ。パンデミックが襲来した時に、ＤＢＳ銀行はデジタルと非接触サービスおよびソリューションへと舵を切るのにちょうどよい位置にいた。

「当行は迅速に対応することができました。それは当行のテクノロジー集積が最新であり、組織全体がアジャイルを導入しており、two-in-a-box プラットフォームがあったからです」

――ジミー（チーフ・インフォメーション・オフィサー）

## ＤＢＳの職員たち

ＤＢＳ銀行は当初から、Covid-19に起因するレイオフは行わないと職員に説明していた。シンガポールの支店の50％がロックダウンによって閉鎖された中で、これは特に支店職員たちに好意的に受け入れられた。

デジタルドリブンとなっていたことで、ＤＢＳ銀行はCovid-19パンデミックがもたらす行内的な課題にも迅速に対応できた。例えば、データ分析とＡＩを活用して、データ（入退出ゲートのタッチ、アウトルック利用、Wi-Fiへのアクセス、会議室利用等）を集約し、48時間のうちに接触追跡ソリューションを新たに作り出した。最初のソリューションは迅速に導入できた。それは、プロジェクト目的が明確であり、様々なチームを通じてサポートが得られたからだ。また、在宅勤務職員のセキュリティリスクを迅速に解決できたことで、突然新しい執務環境となった職員たちをサポートする体制も早くに整った。加えて、90％を超える職員がパンデミック前からすでにノートパソコンを使用しており、在宅勤務がやりやすい状態にあった。

DBSはこの困難な時期を通じて、以下のような方法で職員をサポートした。

・給与全額支払いの継続。ロックダウン期間中の一時的支店閉鎖のために業務活動ができない支店スタッフメンバーを含む。
・パンデミックの最中も、90％の職員が在宅勤務可能となるような改革。ピユシュは例を示すために即座に在宅勤務を行って先導役となった。
・新しい日常と在宅勤務を始める職員に対して、新しい働き方導入のヒントを提供して支援。バーチャルなチーム食事会やグループでのフィットネス運動などが企画された。
・リーダーに対して、チームのモラル向上とチームにリモートで前向きに働いてもらう方法についてガイダンスを提供。例えば、バーチャル面談の開始時には「チェックイン」を行って、参加者が情緒的健康状態を1～10のスケールで評価する。
・月次で「ハピネスチャレンジ」を開始。異なる部門の人々が自分が幸福でいられる方法を紹介する。

・業務活動の小休止中にスキルアップを行うために、職員向けにｅラーニングプログラムを提供。

・顧客に対してと同様に職員に対しても暗証番号管理を確実に行うこと。戦略名は「社内も今は社外と同じ（Inside is the new Outside.）」。

パンデミックの最中でも、ＤＢＳ銀行はシンガポールで新たに２０００名以上の雇用を実施した。

## バーチャル・カスタマージャーニー

パンデミックの中で、銀行はどのようにしてカスタマージャーニーを実施し続けようとしただろうか？　以前であれば、職員がウォールーム（作戦指令室）に集合して、ホワイトボードとポストイットのメモを使って実施していた。

しかし皆がリモートワークとなったため、ＤＢＳ銀行は「プロジェクト・レモネード」を発動した。バーチャルなカスタマージャーニーのワークショップである。他企業にアプローチしてバーチャルワークショップを実施するベストプラクティスを明確にしたうえで、リーダーたちは現行のカスタマージャーニーを再設計してバーチャルに対応させた。それはわずか7日間で完了した。

## 組織の中核となる魂

ロックダウンの最初の月から、ＤＢＳ銀行経営陣はその焦点をビジネスのソフトな側に転換した。

２０２０年の年末に向けてピユシュは、パンデミック期間中の最大のチャレンジの1つは、組織の文化的な中核を統一したまま維持することだったと振り返った。パンデミックの心理的影響に対処して、チームと人々を1つに維持することが、彼が注力したことだった。人々を自宅から銀行というシステムに受け入れることが必要となった。

終日1人で自宅にいることの孤独に対処するために、ＤＢＳ銀行は「共に（Together）」というプログラムを開始した。プログラムでは、皆が誰かとバディとなり、計画されたリラックスタイムに、バーチャルなゲームや夕刻のリモート懇親会を実施する。

２０２０年の半ば、ＤＢＳ銀行は働き方の未来を考えるタスクフォースを設置した。そこでは、ハイブリッドワーキングモデルへの転換の必要性が認識された。パンデミックの結果として、職員たちは今や、オフィスでも自宅からでも勤務可能になっている。実際、職員の労働時間の40％までが在宅で可能だった。

2020年の年末に向けてピユシュは、パンデミック期間中の最大のチャレンジの１つは、組織の文化的な中核を統一したまま維持することだったと振り返った。

またタスクフォースは、働き方の未来に関して、アジャイル部隊がさらに俊敏となることの必要性を見出した。そこで銀行は、従来の機能的部門から、プロジェクト単位で、データドリブンであり、適切な専門性を持つ異なる機能部門のメンバーからなるチーム方式へと転換を加速し続けた。タスクフォースはそれに加えて、コラボレーションスペースでの執務の仕方の再設計を続ける必要性があると認識した。そのためＤＢＳ銀行は、アクティビティベースのワークスペースである「ジョイスペース」に手を加え続けた。また、シンガポールの本部では、５０００平方フィートの「リビングラボ（Living Lab）」を設置して、フィジカルとバーチャルの職務環境設定の最適な組み合わせを行った。

ＤＢＳは組織文化の育成の重要性を強調し続けている。例えば、新入職員は企業社会にとけ込むために、オフィスでの時間を過ごさなければならない。そして期待されたように振る舞えない職員は皆、オフィスでコーチングを受ける。

フレキシブルな業務形態を必要とする職員を支援するために、ＤＢＳ銀行はジョブシェアリングの仕組みを提供している。通常のフルタイム業務を２人の職員に分割し、責任を共有するものだ。

パンデミックの期間中にＤＢＳ銀行がステークホルダー向けに行った素晴らしい取り組みの数々は、将来間違いなく巨大な恩恵を生み出すことだろう。

注28　「オンラインＳＭＥアカデミー」、DBS.com、２０２１年４月16日参照
https://www.dbs.com.sg/sme/businessclass/sme-online-academy.page?pk_source=typed&pk_medium=direct&pk_campaign=bookmarked

銀行のようにではなく
テクノロジー企業のように振る舞うために、
DBSは「ジェフ（ベゾス）ならどうする？」と自問した。
いま、他の企業が自問すべきは次のことだ。

「世界のベストバンクならどうする？」

# 謝辞

本書『ＤＢＳ　世界最高のデジタル銀行（原題：World's Best Bank）』の構想は２０１８年に端を発する。そこから始まったＤＢＳ銀行のデジタルトランスフォーメーションのストーリーについての調査、準備、執筆にはかなりの時間を投入することになった。原稿は２０２０年の年初に完成したが、世界的なパンデミックが起こったことから、筆者は書籍発刊を延期することに決めた。２０２０年の暮れには、原稿のアップデートを行うだけでなく、サステナビリティとCovid-19に関する章を最後に2つ付け加えた。

本書の執筆と出版は長い道のりであり、その実現には多くの支援や助力を必要とした。道のりを私と共に進んでくれた人たちに謝意を表したい。

最も大事なものとして、妻のグレースケリーに感謝したい。彼女は著述家（アントレプレナーでもある）の妻としての忍耐を示してくれて、私がこの原稿に長い期間没頭するのを許してくれた。

ロン・カウフマンに感謝したい。四半世紀にわたる私の友人でメンターだ。書籍の方向性に関する彼のガイダンスと、装丁に関する詳細な目配りで、すばらしい価値が追加された。

編集者のバーバラ・マクニコルとの15年にわたる共同作業は私の喜びだった。今回もまた、原稿編集の最初から最後までを一緒に進めた。作業が進む中で、バーバラはフィードバックをくれることで私の執筆内容を高めてくれた。彼女からは学び続けており、その詳細な目配りと書籍全体を通じた助言は貴重なものだ。ゲイリー・バーマンは私にぴったりの人物で、読むときの細部への目配りが素晴らしく、快く原稿を校正し、修正案を提供してくれた。最初のフィードバックを提供してくれたマイケル・シュナジャーにも感謝を言おう。

友人でありマーケティング専門家のデビッド・アイザックには、書籍のポジショニングに関して行った数々の会話について感謝したい。彼とのディスカッションによって、書籍を単なる一商品として売るのではなく、書籍に関するプラットフォームを開発することにつながった。

パム・ノードバーグにもありがとう。彼女は校正を手伝ってくれた。また、カバーデザインで共に働いたリック・チャッペル、原稿のデザインとアップロードの詳細に気を配ってくれたトニー・ボンズもありがとう。

最後に、この書籍を購入し、プラットフォーム経験に参加して頂いた皆さんに最も深く感謝したい。

# 訳者あとがき

シンガポールのＤＢＳ銀行は、銀行界のデジタルトランスフォーメーション（ＤＸ）で世界の先頭を走るプレーヤーとして様々な表彰を受けており、業界の多くの人々がその名前を知る銀行である。

ＤＢＳのＤＸで有名なのは、例えば、テクノロジー企業をベンチマークとするGANDALF（グーグル、アマゾン、ネットフリックス、アップル、リンクトイン、フェイスブックの頭文字で、真ん中のＤはＤＢＳ）というキーワードや、「バンキングを楽しくする」というビジョン、そして「組織の芯までデジタル化する／カスタマージャーニーの中に自らを組み込む／組織文化を変革し、スタートアップ企業のように考える」というデジタル化の３つの戦略原則といったものだ。

しかし、目を引くキーワードや戦略原則の背後には、数多くの個々の取り組みの集積があるのが現実だ。本書の特徴や魅力となっているのは、それらの多様な仕掛けや取り組みと、その結実成果である数々の商品／サービスの開発事例が具体的に語られている点だろう。著者のロビン・スペキュランドが戦略導入・実行の専門家ということもあって、本書は、ＤＸの解説書籍というよりも、トランスフォーメーションの一大ケーススタディといった色合いが濃く感じられる。

そこで描き出されているのは、限られた人々や部門だけの取り組みではなく、経営トップから現場まで、ベテランから若年層まで、ＩＴ部門から業務部門まで、対顧客部門から本社・共通サービス部門まで、組織を挙げてのトランスフォーメーション・ジャーニーだ。そして、デジタルによるビジネスの変革と同等かそれ以上に重要なものとして、マインドセットと組織文化の変革が推進されてきていることだ。

本書では、ＤＢＳがどのようにして最先端のデジタルバンクに変貌したかが詳細に語られているが、ここではもう少し時間軸を前後に長くとりながら、ＤＢＳがそもそもどんな銀行であって、どのように変わってきているのかについて、少し補足して述べてみたい。

## ピユシュ・グプタ就任後に激変したＤＢＳ

ＤＢＳのもともとの名称は「シンガポール開発銀行（The Development Bank of Singapore Limited)」である。シンガポールがマレーシアから独立してから３年後の１９６８年、シンガポール政府により設立された政府系金融機関で、シンガポールの工業化推進と金融センターとしての発展に必要な開発資金の融資を目的としていた。

建国当初から国を率いたリー・クアンユー首相の明確なビジョンのもと、都市国家であるシンガポールは経済成長を続けて、東南アジアの経済つまり商流・物流・金流のハブとしての地位を急速に確立していく。産業の中心が製造業から金融・サービス業へと移行する中で、開発金融の必要性は薄れていった。そして１９９９年には持株会社としてＤＢＳグループ・ホールディングスが設立されて、シンガポール開発銀行はその完全子会社となり、２００３年にはＤＢＳに改名している。日本でも類似の趣旨で１９５１年に日本開発銀行が設立されている（現在は他の政府系金融機関と統合されて日本政策投資銀行となり、２００８年に株式会社化されている）が、日本の方が政府系開発金融銀行の設立が早い一方で株式会社化が遅かったことは、シンガポール経済の変貌の速さを間接的に示している。

　前身が政府系金融機関ということから想像されるように、実はＤＢＳはもともと「イケてない」銀行だった。本書にも書かれているように、２０１０年のＤＢＳのサービスはシンガポールで最低の評価だった。同行のＣＤＴＯ（Chief Data and Transformation Officer）のポール・コバンは２０２１年にスイスのビジネススクールＩＭＤによるインタビューの中で、「２００９年のＤＢＳは伝統的な銀行であり、その評判は、遅く、顧客サービスが悪く、業績は平均的というものだった」としている。

　その２００９年、ＤＢＳのＣＥＯとして、インド出身のピユシュ・グプタが招かれた。彼の就任以降の２０１０～２０１４年が本書で「アジアウェーブ」とされている時期である。ピユシュは就任後間もなく、経営トップ層と３日間の合宿を実施して戦略を練り、次の３つの柱を打ち出した。

1．新しいアジアにおいて、選ばれるアジアの銀行となる（なりたい姿）
2．9つの戦略的優先事項（地理的展開方針／地域内ビジネス方針／成功可能要因）
3．5つのアジアの柱（主要差別化領域と自行の競争優位）

この時期のＤＢＳのアニュアルレポートのタイトルは、次のようなものだ。

２０１０年：Celebrating New Asia（新しいアジアの祝福）
２０１１年：Believing in ASIA（アジアの可能性を信じて）
２０１２年：Present for the Future（未来へのプレゼント）
２０１３年：Forging AHEAD in Dynamic Asia（躍動するアジアで前進する）
２０１４年：#ignitingpossibilities/#creatingvalue/#sparkingjoy（可能性に点火し、価値を創造する）

当時は世界金融危機からの立ち直りの時期であり、アジアの地政学的中心に位置する都市国家であるシンガポールの銀行として、運命共同体であるアジアの明るい未来を切り開く意思にあふれていることが見て取れる。

そして２０１０年の最低評価からわずか4年後、ＤＢＳは顧客満足でシンガポール最高の企業となる。この期間中に銀行内では「プロセス改善イベント（Process Improvement Event: PIE）」が行われている。クロスファンクショナルなチームが、短期間で特定のプロセスのムダを洗い出して end-to-end で見直し、改善に取り組むという集中的なイベントだ。結果は終了時にプロセスオーナーであるマネジャーにプレゼンされ、納得されればその場で採用される。そうなれば、職員のモチベーションは上がる。

ＰＩＥの目的は、当初はコスト削減であったものが、途中から顧客時間の削減に転じ、２０１４年にはその合計が２５０万時間に上ったとされている。プロセス型サービスが中心のバンキングでそれが顧客満足度の急上昇につながったことは、容易に想像できる。ＤＢＳは顧客満足と職員エンゲージメントの双方を高めることに成功し、さらなる改革への素地が作られていった。

ピユシュが打ち出した3つの柱のうち2つ目の「9つの戦略的優先事項」の中の成功可能要因には、「顧客をバンキング経験の中心に据える／マネジメントプロセス、人員、組織文化に焦点を当てる／テクノロジーとインフラストラクチャー基盤を強化する」といった、デジタルウェーブにつながる項目が登場している。しかしこの時期には、テクノロジー強化は打ち出されてはいても、それは銀行という業態の中での位置付けだったと言えるだろう。それが一変するのは、次のデジタルウェーブからである。

## デジタルウェーブ：ＤＸの本格推進

デジタルウェーブへの取り組みのきっかけは、中国のアリババグループの当時のＣＥＯ、ジャック・マーとの面談であったとされる。２０１３年には世界のスマートフォンの販売台数がフィーチャーフォン（従来型携帯電話）を上回り、スマホ時代が到来していた。ＧＡＦＡが勝ち組として認識され、金融の世界ではフィンテックが台頭しつつあった。その流れの中で、金融システムの普及が遅れていた中国でスマホブームに乗ってカエル跳びに急成長したアリババグループは、その勢いのままに２０１４年、ニューヨーク証券取引所に上場する。当時史上最大のＩＰＯであった。グプタはそのアジアへの進出に脅威を覚えたとされる。テクノロジーを活用して銀行としての地位向上に成功してみると、目前にはそのテクノロジーによって、業界そのものを転覆させかねない大波が出現していたわけだ。

これに対してピユシュがとったアプローチは、バンキングをＩＴ化／デジタル化するものではなく、中核から変革を行い、自らが銀行からテクノロジー企業へと変貌するというものだった。「デジタルの口紅を纏うだけでは十分ではないのだ」という彼の言葉がそれを物語る。また、その推進方法は、ＤＸのための出島組織を作っていわゆる「両利きの経営」を行いつつ移行を進めるのではなく、部門、階層、年齢を問わずに組織全体でＤＸに取り組むものだった。

２０１５〜２０１８年のデジタルウェーブの期間中のＤＢＳのアニュアルレポートのタイ

トルは、以下のようなものだ。

２０１５年：Live more, Bank less.（生活をもっと楽しく、バンキングはもっと少なく）
２０１６年：Reimagine Banking（バンキングを考え直す）
２０１７年：Digital Bank of Singapore（シンガポールのデジタルバンク）
２０１８年：Best Bank in the World（世界のベストバンク）

２０１４年までの「アジア」の色は全く消え失せて、バンキングの再発明へと突き進む強い意図が見てとれる。

２０１５年のタイトル「Live more, Bank less.」は、銀行の存在の自己否定ともとられかねない過激な宣言と言えよう。しかし、バンキングを含む金融とは本来、何かの目的を実現するための「手段」である。手段それ自体は決して楽しいものでないことが多く、むしろコストや手間、あるいは精神的負担といったフリクションをもたらすものだ。しかしデジタル化の中で消費者の行動の起点はスマホとなり、個々の独立した物理的経験であった手段系サービスの多くは、スマホ上の操作による一連の顧客体験の中にパーツとして埋め込まれ、フリクションは低減されていく。バンキングもその例外ではない。それをいち早く正面から受け止めたのが、ＤＢＳだったと言えるだろう。

当初デジタルウェーブの中核に据えられたのは「バンキングを楽しくする（Making Banking Joyful）」という言葉だったが、顧客調査の結果、それでは顧客が理解できないということで、「Live more, Bank less.」に変更されたという。この辺りにもＤＢＳの顧客中心の姿勢が表れている。ただし変革の中では「バンキングを楽しくする」の基本精神が貫かれており、それは対顧客だけでなく、対職員でも同様である。

デジタルウェーブの３つの戦略原則が、前述の「組織の芯までデジタル化する／カスタマージャーニーの中に自らを組み込む／組織文化を変革し、スタートアップ企業のように考える」である。

１つ目の「組織の芯までデジタル化する」については、本書の第5章、第6章で様々なテクノロジー面での取り組みが紹介されている。しかしより興味深いのは、第7章で紹介されている、トランスフォーメーションをサポートするベストプラクティスだ。例えば「２つを同じ箱に（Two-in-a-box）」は、ＩＴ部門と業務部門の部門長どうしが、それぞれがやっていることを相互に理解するためのプラクティスである。また「リバース・メンター」は、テクノロジーに疎いマネジメント層にテクノロジー部門の若手をメンターとしてアサインする制度だ。これによって、役員や部門長クラスがテクノロジーや他部門の業務について理解を深めて肚落ちできるようになり、それが変革の推進につながるというのだ。他にも、年配職員にも新しいテクノロジーを学ばせて使わせ、年齢による分け隔てを作らないなど、他の企業でもすぐにでも採用して効果を発揮しそうなアイデアがちりばめられている。

２つ目の「カスタマージャーニーの中に自らを組み込む」（第8章〜第13章）は、カスタマージャーニー構築の基礎となるデザインシンキングの活用例や、バンキングを超えてカスタマージャーニーを広く取り込んでエコシステム化する事例が多く紹介されている。デザインシンキングの事例として紹介されているのは、消費者向けではなく法人向けのキャッシュマネジメント商品であるＤＢＳトレジャリー・プリズムを、４Ｄ（Discover/Define/Develop/Deliver）の方法論に沿って開発するプロセスだ。またカスタマージャーニーの事例では、消費者向けの様々なサービスやプロセスとともに、内部顧客の事例として「グループ法務」や「新入社員オンボーディング」、つまり法務や人事の事例が紹介されている。ＤＸというと最終顧客が対象と考えることも多いが、ＤＢＳのＤＸは企業内全部門の「顧客」も対象であり、組織全体として変革に取り組む様子が生き生きと描写されている。

エコシステムの事例では、不動産、自動車、旅行といった大きな支出イベントや、電力のような日常支出領域におけるマーケットプレイスの構築が紹介される。非常に幅広いアイデア出しが行われていることが窺われる。第12章の事例では有名なキャッシュレスの仕組みであるDBS PayLah!が挙げられているが、より面白いのはPOSB Smart Buddy（スマートバディ）だろう。なにしろアイデアのきっかけが、両親が学童に昼食代を渡すのに苦労しているシーンなのだ。ところがこれが、学童にウェアラブルのプリペイドデバイスを持たせ、学校周辺の商店を加盟店化するというアイデアに発展する。それを実現すると、購買データから子供たちがランチにジャンクフードを買い食いしているのが見つかって、それが子供の栄養指導へとつながり、シンガポール政府がそのデータに興味を示してくるのだ。小さなアイデアからスタートしたプラットフォームから発生するデータが新しい用途へと展開していく様子は、プラットフォームビジネス成立のお手本のようで、読んでいてワクワクさせられる。こうしたエコシステムの集合体が、地域のプラットフォームへと発展する可能性を示していると言えよう。

3つ目の「組織文化を変革し、スタートアップ企業のように考える」（第14章〜第19章）は、マインドセットと組織文化の変革に関するものだ。組織文化は意図的に設計されている(Culture by Design)。設計にあたっては、未来のゴールを調べ、その実現に向けた阻害要因の洗い出しを行ったうえで、その克服方法を決定している。その対象となるものは、「簡単なものは使う用語の変更から、複雑なものは全く新しい方針やプロセス」までと幅広い。

最も興味深いのは、「スタートアップ組織文化への最大の障害」として、現行の会議の実施方法を筆頭に掲げて「数があまりに多く、成果を生まないものがあまりに多く、明確な目的を持たない会議もあまりに多い」としていることだ。そして、その解決方法である「ＭＯＪＯ」が非常にシンプルで効果的なことが印象的だ。会議オーナーと参加者の役割を設定し、オーナーが役割を果たしていたかを参加者が会議後にフィードバックするという、当事者同士のコミュニケーションなのだ。そして、ピユシュまでもそのフィードバックを受けたことを公開して、上下関係のないフラットな利用を促している。これで50万時間以上の時間節約が生まれたという。

そして、スタートアップのように考え、行動するための指針として、ＡＢＣＤＥという略語が登場する。次の５つの言葉の最初の文字だ。

Ａ：Agile（アジャイル＝俊敏であること）
Ｂ：Be a learning organization（学習する組織であること）
Ｃ：Customer obsessed（顧客中心主義であること）
Ｄ：Data driven（データドリブンであること）
Ｅ：Experiment and take risks（試行し、リスクをとること）

ＡＢＣＤＥについてはそれぞれ章を設けて説明されている。ここではＢ（学習する組織）

となるためのベストプラクティスを眺めてみよう。これもシンプルで効果的だ。５００シンガポールドル未満の研修受講については上司の承認が不要だが、その代わりに、受講者は研修後に研修内容について同僚に教えなければならないというルールだ。受講者には同僚に教えるために真剣に学ぶインセンティブが生じるとともに教えることでそれが身に付き、さらに受講結果も個人だけのものとならず組織に展開されるという一石二鳥である。

　マインドセットや組織文化を変えるのに最も有効なのは、実行を通じて肚落ちさせることだ。デジタルの世界は変化が速く、それに対応するためには組織活動のクロックスピードを上げる必要がある。そのために様々な仕掛けや仕組みを準備して、それらを日常の業務活動に組み込めば、それらを使うことで自然と行動が変化するようになるというアプローチのお手本と言えよう。

　なお、ＡＢＣＤＥ以外にも、GANDALFやＭＯＪＯ、そして壊し屋ラクーン等、分かり易く使いやすい略語やキャラクターが本書には多く登場する。皆が同じイメージを共有しやすくすることで、変革の定着化に役立つものだ。これらもＤＢＳの変革の特徴の１つであり、「バンキングを楽しくする」ための小ネタとして機能している。

## サステナビリティウェーブ：より大きな目的へ

　２０１９年、ＤＸの成功を確信したＤＢＳは、第３の戦略ウェーブとして現在につながる

「サステナビリティウェーブ」へと歩を進めた。その取り組みは、「世界のベストバンク」を超え、「世界をより良くするベストバンク」として、不公平性、新たな社会規範、気候変動などに焦点を当てたより高次のものへと前進している。

しかし、世界はすぐにCovid-19パンデミックに直面することになった。ピユシュとDBSは、他の銀行に先んじて築いてきたデジタルの組織能力を活用して、在宅勤務への移行を円滑に進めるとともに、非顧客を含む社会的弱者に手を差し伸べた。いっぽうデジタルの世界では、分散台帳技術を応用したトークン化やデジタル通貨への取り組みなど、新しい領域が急速に広がりつつあった。この時期のアニュアルレポートのタイトルも、それらを反映したものとなっている。

２０１９年：Pursuing the greater good（より大きな善の追求）
２０２０年：Stronger Together（共に、より強く）
２０２１年：New Initiatives, New Growth（新しい取り組み、新しい成長）
２０２２年：A Different Kind of Bank（異なる種類の銀行）

２０２０年10月には新しいタイプの支店を開設し、デジタルバンキングサービスと、対面での取引支援や相談対応などを含めた「フィジタル（＝フィジカル＋デジタル）」経験の提供を行っている。またパンデミックのさ中ということもあってか、店舗スペースは薬局と一部共有となっていて、銀行は「Financial Health（金融の健全性）」を提供するという位置付けとなっている。

２０２１年５月のCoinDeskが主催したバーチャルカンファレンスでピユシュが述べたところでは、同行ではすでに、銀行業務を行う職員数よりも２倍のエンジニアを擁している。もはや銀行ではなく「バンキングも提供するテクノロジー企業」となったＤＢＳは、当分の間は他の銀行のベンチマーク対象であり続けるだろう。

## おわりに

融資という元本喪失リスクを最小化するビジネスモデルを中核に据え、長く規制下にあって安全運転を旨としてきた金融機関のような組織にとって、デジタルネイティブな企業に伍するスピードと俊敏性をすぐに身につけるのは容易ではないだろう。ＤＸの流れに乗ってツールやテクノロジーを導入しても、それを駆使する組織や人の側が従来のままならば、レースカーを操って競争しているデジタルビジネスというサーキットに、市販車を運転する技量で臨むのに等しい。レースカーの操縦には訓練が必要であり、ＤＢＳは、組織を挙げてその訓練を急速に推し進めて成功につなげている。

デジタルウェーブで掲げられた３つの戦略原則からも分かるように、ＤＢＳのデジタルトランスフォーメーションは、テクノロジーと同等かそれ以上に、組織文化や人材の変革を重視したものだ。一見、デジタルと関わりのないような取り組みも見られるが、それは同行における意図された取り組みの一環である。その道程を、戦略の立案から現場での実行までを含めて描き出した点で、やはり本書は優れたケーススタディである。

ケーススタディを読むのは常に学びがあって楽しいものだ。本書では、1つの企業の中に詰め込まれた個々の変革事例に触れられるので、翻訳を進めること=ケーススタディを読み進めることであり、それは心躍る作業だった。特に、通常なら変革とは縁遠いような監査やリスク管理、あるいは人事などの部門が事例として登場しているのは、新鮮で、ちょっとしたショックでさえある。

事業の性質からリスク回避文化が強く、長く規制下にあって安全運転を旨としてきた金融機関のような組織にとって、デジタルネイティブな企業に伍する俊敏性や新しい取り組みへのリスク耐性をすぐに身につけるのは容易ではない。そのため、組織全体の急速なデジタル化対応は難しいだろうと、いわゆる出島戦略をとって、デジタル施策の推進や人材育成をそこに集中させる方策をとる金融機関は少なくない。

しかし、出島が機能するようになるまで本島をレガシーのままに放置しておくなら、出島と本島とのギャップは、埋まらないどころか拡大してしまう。「両利きの経営」を成功させるためには、本島側の改革も並行して進める必要があるのだ。ＤＢＳが参照ケースとして重要なのは、組織を挙げてそのレベルアップを急速に推し進めて成功に繋げてきている点であると考えられる。

ＤＢＳのアプローチが唯一の解ではないが、そのトランスフォーメーション・ジャーニーから得られて応用可能な学びや気づきは少なからずあるはずだ。本書が、デジタルトランスフォーメーションに取り組まれる経営層の方々、ＤＸ責任者、そして現場での取り組みに携わる方々にとって、折に触れて手に取る参考書的な存在として多少なりともそのご活動に役立つことを、心から祈念している。

神戸の自宅にて

上野　博

# 著者紹介

## ロビン・スペキュランド（Robin Speculand）

### 戦略およびデジタル導入スペシャリスト

ロビン・スペキュランドは戦略導入に情熱を傾けている。彼は新しいアプローチを生み出し続けて、組織を変革するリーダーをサポートしており、この分野では世界で最も優れた書き手の１人である。

彼は３つの企業、３つのビジネス団体を設立してきており、ブリッジ・ビジネス・コンサルタンシー社のＣＥＯでもある。シンガポール航空は、この新しい分野を受け入れた最初の企業のうちの１社であり、グローバル戦略の導入支援のために彼と契約した。

彼は導入戦略と技法における数々の現状打破で知られており、その中には卓越した実行のための８つの領域からなる独自のフレームワークである「Implementation Compass（戦略導入コンパス）」「Readiness2Execute Assessment（実行準備態勢評価）」「Ticking Clock Model（組織のデジタル化のためのフレームワーク）」「Digital Maturity Index（個人のデジタル成熟度のセルフアセスメントツール）」、そして「40 Digital Best Practices Benchmark

（40個のデジタルベストプラクティスのベンチマーク）」等が含まれる。

またオンライン教育フォーラム「Strategy Implementation Institute（戦略導入研究所）」の共同創設者でもある。フォーラムは、企業経営陣に対して、コミュニティ、オンライン教育コース、戦略導入分野におけるオンライン認定を提供するものだ。

２０１４年に、彼はデジタルトランスフォーメーションが従来のものとは際立って異なり、新しい課題を提示していることに気づいた。この課題についてグローバルな調査を実施して、２０１８年にホワイトペーパー「Transforming Your Company into a Digital-Driven Business（企業をデジタルドリブンビジネスに変革するためには）」、２０２１年にはホワイトペーパー「The Future of Strategy Implementation（戦略導入の未来）」を共同執筆している。

２０２１年、ロビンはＤＢＳ銀行ＣＥＯのピユシュ・グプタと共に、「Ideas into Practice Award（アイデア実現賞）」の50人の思想家に選出された。またPrestige社による２０２１～２０２２年のシンガポールの「ビジネスストラテジスト賞」を受賞している。

彼は戦略導入に関する書籍を5冊出版しており、直近の本書『World's Best Bank: A Strategic Guide to Digital Transformation』は、アマゾンのベストセラーとなっている。彼の先駆的な業績は世界のメディアで紹介されており、BBC Worldと『フォーブス』もそれに含まれている。彼はＴＥＤｘのスピーカーであり、デューク大学企業教育、ＩＭＤで教鞭をとり、シンガポール経営大学とシンガポール国立大学の非常勤講師を務めている。彼はハーバードのケース執筆者で受賞もしており、スコットランド第一首相からGlobalScot（世界で活躍するスコットランド人）の１人に挙げられている。

仕事外では、世界中のアイアンマンイベントに競技者として参加しており、シンガポールを故郷としている。

**ITSS** : IT Shared Services（ITのシェアードサービス）

**Kanban Boards** : アジャイルのアプローチでワークフローを示すために使われるビジュアル。トヨタのカンバン方式が起源

**KPI** : Key Performance Indicators（キー・パフォーマンス・インディケーター）

**MC2** : Management Committee two down from Piyush（ピユシュから２段階下の経営委員会）

**MOJO** : MOはMeeting Owner（会議主催者）、JOはJoyful Observer（楽しむ観察者）

**MVP** : Minimum Viable Product（ユーザーに最小限の価値を提供できるプロダクト）

**N=1** : データに基づいて個々の顧客に独自の経験を提供すること

[O − R]

**PIE** : Process Improvement Event（プロセス改善活動）

**Platform** : ひと揃いのアプリケーションと人々が共同予算下で協働の戦略を実行するもの（エコシステムプラットフォームとは異なる）

**POC** : Participate, Orchestrate, Create（参加、統合、創造）

**PURE** : Purposeful（目的があり）、Unsurprising（予想可能であり）、Respectful（尊重されており）、Explainable（説明可能であること）

**QIRA** : Quantum Image Recognition Application（量子イメージ認識アプリケーション）

**RAPID** : Real-time API with DBS（DBSにおけるリアルタイムAPI）

**RED** : Respectful（尊重され）、Easy to Deal With（取り扱いが簡単で）、and Dependable（頼れる）

**RM** : Relationship Manager（リレーションシップ・マネジャー）

**RPA** : Robotic Processing Automation（ロボティック・プロセス・オートメーション）

[S − Z]

**Scrum** : スクラム。アジャイルアプローチにおけるプロジェクト運営手法

**SME** : Small Medium Enterprise（中小企業）

**SOP** : Standard Operating Procedures（標準業務実行手順）

**Stand-ups** : 立ったままで行う短時間の状況更新セッション

**STP** : Straight-Through Processing（ストレート・スルー・プロセシング）

**T&M** : Treasury and Markets（市場金融部門）

**Toil** : プロダクションサービス実施に関わって生じる作業。手作業で、反復的、自動化可能、戦術的、価値持続性なしで、サービスが増加するにしたがってリニアに増加する（注:ヴィヴェック・ラウル「Chapter 5: Eliminating Toil」、SRE, Sebastopol, CA: O'Reilly Media, 2017、https://landing.google.com/sre/sre-book/chapters/eliminating-toil/）

**Tom（traditional）and Dave（digital）** : 非デジタル／デジタル顧客の呼び方

**Tribes** : アジャイルの用語で、協働する一団のチーム（Squads）を指す

**YFP** : Your Financial Profile（顧客の金融プロファイル）

# 用語集

［A － C］

**AML**：Anti Money Laundering（アンチマネーロンダリング）

**API**：Application Programming Interface（アプリケーション・プログラミング・インターフェイス）

**Cash Outs**：ATM 内の現金がなくなった状態

**Cloud Native**：規模可変のアプリケーションシステムを構築・運用するためのアプローチ。API とマイクロサービスを活用する。

**Continuous Integration, Continuous Delivery (CICD)**：（以下訳注）ソフトウェア開発において、構築やテストの自動を Continuous Integration（継続的インテグレーション）という。テスト後に利用環境に導入可能な状態にリリースする工程まで自動化することを Continuous Delivery（継続的デリバリー）という。リリース後に実運用環境へのデプロイ工程まで完全自動化することは Continuous Deployment（継続的デプロイ）という。

**Culture by Design**：未来の状態を想定することによって取り組み方法を決めること

［D － G］

**Data Instrumentation**：データ計装。カスタマージャーニーのリアルタイム検知のための測定、モニタリング、プロセス管理

**DDOM**：Data Driven Operating Model（データドリブン業務モデル）

**DFD**：Design for data（データ重視設計）

**DFNO**：Design for no ops（システム運用の効率化を目指した設計）

**DevOps**：エンドユーザーに継続的な価値提供を可能にするヒト、プロセス、製品の集合体（注：サム・グッケンハイマー「What is DevOps」、Microsoft.com、2018 年 1 月 4 日、https://docs.microsoft.com/en-us/azure/devops/learn/what-is-devops）

**DigiFY**：モバイル学習プラットフォームとオンライン講習で、組織内の銀行職員をデジタルバンカーに変革することを目的としている

**Ecosystem**：エコシステム。個々別々の業界にいる企業・組織を統合して、個々の組織や業界が自ら個別には提供することができない新しい提供物の創出や、価値の実現を行うもの

**4Ds**：Discover, Define, Develop, and Deliver（デザインシンキングの４段階）

**Future of Work（仕事の未来）**：職員が毎日直面する悩ましいもの

**GPU**：Graphical Process Units（画像処理プロセッサ）

**GANDALF**：Google、Amazon、Netflix、Apple、LinkedIn、Facebook の頭文字の中央に DBS の D を入れたもの

**GTS**：Global Transactions Services（グローバル・トランザクション・サービス：グローバルキャッシュマネジメント等国際取引を担当する部門）

［H － N］

**HCD**：Human Centered Design（人間中心デザイン）

**IBG**：Institutional Banking Group（インスティテューショナル・バンキング・グループ、大手法人向けバンキング部門）

【訳者紹介】
**上野　博**（うえの　ひろし）
NTTデータ経営研究所 金融政策コンサルティングユニット エグゼクティブスペシャリスト
住友銀行、日本総合研究所、フューチャーシステムコンサルティング、マーケティング・エクセレンス、日本IBMを経て現職。金融サービス業界を中心に、経営・事業戦略／業務改革／マーケティング／テクノロジー活用等に関するコンサルティング／発信／提言活動を実施。
ブレット・キングの*Bank4.0*（邦題：『Bank4.0 未来の銀行』）、*The Rise of Technosocialism*（邦題：『テクノソーシャリズムの世紀』、いずれも東洋経済新報社）等を翻訳。

DBS 世界最高のデジタル銀行
テクノロジー企業を目指した銀行の変革ジャーニー

2023年7月11日発行

著　者——ロビン・スペキュランド
訳　者——上野　博
発行者——田北浩章
発行所——東洋経済新報社
〒103-8345　東京都中央区日本橋本石町 1-2-1
電話＝東洋経済コールセンター　03(6386)1040
https://toyokeizai.net/

装　丁…………………竹内雄二
本文レイアウト・DTP……二ノ宮匡（nixinc）
印　刷…………………港北メディアサービス
製　本…………………積信堂
編集担当………………齋藤宏軌
Printed in Japan　　ISBN 978-4-492-65497-2